"Materiali di architettura"
collana diretta da
Massimo Fagioli

comitato scientifico
Claudio D'Amato, Richard A. Etlin, Bruno Messina, Carlo Moccia, Adolfo Natalini, Angelo Torricelli

Stampa
Industria Grafica Bieffe

© 2017 Aión Edizioni
ISBN 978-88-98262-36-6

Antonio Nitti

AUGUSTE PERRET A LE HAVRE
La forma urbana tra geografia e costruzione

Prefazione di
Gino Malacarne

Postfazione di
José Ignacio Linazasoro

AIÓN

A Michele ed Anna

Sommario

7   **Prefazione** - Gino Malacarne

17 **Introduzione**

23 **I.   Città di torri o l'idea di città**
24 I.1. Le 'cattedrali della città moderna': dall'*immeuble* al 25bis di Rue Franklin alle *Villes-Tours*
34 I.2. Il 'paesaggio interiore dell'architettura': dai progetti per Parigi alla Place Alphonse-Fiquet ad Amiens

43 **II. La 'cattura dell'infinito' o la forma della città**
45 II.1. La situazione geografica
49 II.2. Dalla fondazione del porto alla *tabula rasa*
54 II.3. I progetti dell'*Atelier de Reconstruction de la Ville du Havre*
61 II.4. La 'grande città' come insieme di luoghi monumentali

73 **III. Il 'pittoresco urbano' o lo spazio della città**
74 III.1. Grammatiche dello spazio urbano
82 III.2. Place de l'Hôtel de Ville: la piazza e le corti
95 III.3. Porte Océane: 'l'internità dell'esterno'
106 III.4. Front-de-mer Sud: la costruzione del limite

121 **IV. L'*ordonnance architecturale* o il carattere della città**
123 IV.1. Il linguaggio della costruzione
127 IV.2. Place de l'Hôtel de Ville: il 'peristilio'
131 IV.3. Porte Océane: il 'muro parastato'
134 IV.4. Front-de-mer Sud: la 'peristasi'

141 **Postfazione** - José Ignacio Linazasoro

144 **Bibliografia**
149 **Indice dei nomi**
152 **Elenco delle abbreviazioni**
153 **Elenco e fonti delle illustrazioni**
154 **Elenco delle tavole**

Questo studio costituisce l'esito di una ricerca sviluppata all'interno del Corso di Dottorato in Architettura dell'*Alma Mater Studiorum* - Università di Bologna, con relatore prof. Gino Malacarne. A lui e al Collegio dei docenti va il mio sincero ringraziamento. Un ringraziamento anche ai prof. Umberto Cao, Francesco Saverio Fera e José Ignacio Linazasoro, che l'hanno giudicato idoneo alla pubblicazione. Ringrazio, inoltre, il prof. Carlo Moccia, per il profondo e appassionato contributo nell'elaborazione di questo lavoro. Ringrazio i prof. Jean-Louis Cohen e Vittorio Gregotti, le cui riflessioni hanno sostenuto le ipotesi fondative della ricerca e la cui generosità ha reso possibili significativi momenti di verifica durante il suo sviluppo. Un ringraziamento è per il direttore e il personale degli A*rchives Municipales de la Ville du Havre*, del *Centre d'archives d'architecture du XXe siècle* e della biblioteca della *Cité de l'architecture et du patrimoine* di Parigi, la cui perizia ha reso possibile la consultazione dei disegni del maestro parigino e del suo *Atelier*. Ringrazio, infine, l'arch. Francesco Primari, per il prezioso confronto che ha accompagnato la stesura di questo testo.

LE HAVRE: LA RICOSTRUZIONE DELLA FORMA URBANA
Gino Malacarne

Il tema della ricerca è il progetto «di ricostruzione o di vera e propria creazione *ex novo*»[1] del centro urbano di Le Havre ad opera di Auguste Perret, per il quale Antonio Nitti ne indaga il senso e le grammatiche della forma all'interno di un rapporto dialettico tra città e natura, secondo una prospettiva che reinterpreta i luoghi urbani della città francese come matrici ancora attuali per la costruzione dello spazio aperto. A partire dalla rilettura dell'esperienza storica delle Places Royales, il tema della costruzione dello spazio pubblico attraverso l'edificio collettivo di abitazione diviene così il punto di vista e il fulcro critico attraverso il quale si interpretano le problematicità poste dalla 'grande città' contemporanea.

Per questo, oltre l'evidenza di un'acclarata analogia con la città storica francese, questo lavoro tenta di ricollocare il progetto per Le Havre all'interno di quella più ampia ricerca sulle possibili idee di città avviata nel XX° secolo e non ancora esaurita, e come ha scritto l'autore nella introduzione, sottolineandone il senso progressivo e attuale, questo studio «pone l'attenzione sui principii costitutivi» della forma urbana «e sulla loro possibile trasmissibilità prima ancora che sulle contingenze che l'hanno determinata».

La ricostruzione di Le Havre ha avuto nel tempo alterne fortune critiche ed è stato molto avversata dagli artefici della città funzionale per la sua «visione inattuale», antitetica all'orientamento urbanistico del tempo, o addirittura criticato, perché Perret «concepisce sempre il suo programma come un progetto di architettura» e inoltre «non possiede una metodologia urbanistica»[2]. In ogni caso un progetto poco amato, e dunque spesso dimenticato.

Una forma di opposizione riservata al progetto di Perret, tanto più netta quanto più le distruzioni della guerra, la *tabula rasa* iniziale e una particolare riconsiderazione delle proprietà fondiarie, rendevano possibile concretizzare, per converso, le idee urbanistiche della città funzionale come emblema del moderno; una città egualitaria che avrebbe eliminato, attraverso l'applicazione di criteri di specializzazione funzionale, derivanti da discipline socio-economiche, differenze e gerarchie: non più centro città e nemmeno periferie, ma uguali condizioni di vita per tutti. I risultati della città funzionale sono sotto gli occhi di tutti. Il tentativo fallito di costruire una nuova vita urbana ci mostra oggi solo una grande periferia, anche se «dell'uguaglianza». Queste architetture «restringono in modo specialistico il concetto di vivere all'abitare», come faceva notare Adolf Behne.

Altri invece fin da subito hanno capito il valore del progetto di Le Havre nell'affermare la validità del metodo in rapporto al risultato: non di soluzioni tecnicistiche astratte si aveva bisogno ma della ricostruzione dell'immagine stessa della città nella sua profonda complessità. L'esempio di Le Havre e di altri interventi analoghi sono «dimostrazioni di come la città moderna possa configurarsi solo attraverso interventi di grande respiro, in cui determinate successioni di architetture - forse non perfette, ma dotate di una vitalità che permette di ignorare le considerazioni puramente formali - consentono l'espansione della città senza fratture in tutta la sua compagine, per quanto estesa possa essere, non dissociando mai il piano urbanistico da quello architettonico»[3].

Continuando poi nel caso specifico: «Le Havre è un ottimo esempio, un caso di ricostruzione totale di una città in brevissimo giro di tempo, secondo il progetto di un solo uomo, con la volontà e l'orgoglio di rinascere a nuova vita, di opporre ai disastri della guerra una vita pacifica, migliore di quella che era stata spazzata via»[4].

Perret dunque intraprende la strada della tradizione, della continuità, nel pensare alla città nella storia senza per questo dimenticare i problemi di funzionamento della città contemporanea. Nessuna adesione alle tesi del movimento moderno, alle istanze della città funzionale, alla tecnica urbanistica dello *zoning*; tuttavia il progetto affronta e risolve tutte le necessarie questioni funzionali, e d'altro canto non si adagia mai su mimetici tentativi di ricostruzione stilistica. Non è quindi interessato né alla ricostruzione filologica né alla libera invenzione resa praticabile dalla *tabula rasa* iniziale. Intraprende la strada più complessa, quella della continuità.

Perret ha in mente una idea di città che avrebbe dovuto essere la porta della Francia per chi arriva dall'Oceano Atlantico e quindi poteva, nel trasformarsi in città monumento, aspirare a misurarsi con la grandiosità di Parigi. Da pittoresca città porto a città che aspira al «senso della *grandeur* e della bellezza» della cultura francese classica, come è stato osservato[5]. «Di Fronte all'acqua - scrive Perret - costruiremo un vero e proprio 'front-de-mer' […]. Lo si scorgerà dal largo, prima di sbarcare. Incarnerà la Francia agli occhi degli stranieri. Ne offrirà l'immagine nobile e monumentale»[6]. Quest'auspicio che non si è avverato, le grandi navi che solcavano l'Atlantico hanno infatti smesso presto di farlo, non ha di fatto tolto nulla al significato espresso dalle forme urbane.

L'attenzione di Perret per l'architettura della città riconduce la sua opera a un'idea di decoro, ad un principio d'ordine proprio dell'architettura classica e pur non proponendo interventi mimetici per la ricostruzione della città storica, aspira alla ricerca di un'armonica compostezza della forma. Contro la tendenza alla riduzione del problema urbano a pura organizzazione del sistema stradale, alla individuazione delle aree edificabili e dei loro statuti funzionali, Perret riporta il punto di vista della costruzione architettonica. Egli pensa, al contrario degli architetti 'funzionalisti', che non siano sufficienti soluzioni semplicemente 'razionali' per dare risposte a problemi urbani: le città che conosciamo e che vediamo sono pervase anche da un'atmosfera, mostrano un loro carattere, che trascende il dato unicamente razionale del progetto.

Una particolare attenzione per la forma urbana, vista come complesso di molte peculiarità, lo porta a proporre progetti tesi al raggiungimento di un equilibrio tra la particolarità delle risposte progettuali per i singoli luoghi, per valorizzarne le individualità, e il loro appartenere a un ordine più generale.

La capacità di immaginare figure e spazi gli deriva dalla conoscenza delle città storiche europee e di quelle francesi in particolare.

L'esempio di ricostruzione della città di Le Havre è pensato da Perret come un progetto unitario concepito come una grande architettura, ricordando il principio albertiano che la città è come una grande casa, e la casa a sua volta una piccola città.

Un'esperienza di progetto dove il rapporto architettura-urbanistica si sviluppa in termini di architettura della città. Non si attraversano dunque le diverse scale del progetto mediante un principio di scalarità, ma si pratica la sola scala architettonica.

Nel definire la forma urbana di Le Havre Perret cerca un equilibrio tra l'idea di una città ideale, che la *tabula rasa* iniziale avrebbe reso possibile, e la proposta di una città reale in analogia con la precedente.

Per quanto affascinante il tema della città ideale, «il problema reale», come è stato notato dal Collins, «è sempre stato non tanto quello di creare tracciati razionali e piacevoli, quanto di animarli con la vitalità d'un organismo vivo; di garantire, in altre parole, che alla fine sviluppino di per sé una vita civica»[7].

Perseguire la ricchezza di significati e di forme della città storica evocandone alcuni luoghi analoghi, distrutti dalla guerra, ma anche mai esistiti e tuttavia sentiti come appartenenti ad una coerente cultura urbana a cui Le Havre partecipa nei secoli della sua storia, è l'obiettivo di questo progetto.

Dentro questi equilibri Perret propone la forma della città. Non è stato un lavoro semplice e una scelta a priori; è stato invece un processo che l'*Atelier de Reconstruction de la Ville du Havre* ha compiuto per adattamenti successivi (scaturiti da una sorta di concorso interno), proponendo soluzioni progettuali che ondeggiavano tre le due questioni poste. Una vicenda che Nitti descrive con chiarezza mettendo in evidenza, inoltre, come la forma della città che ne discende sia il frutto di molteplici relazioni che mettono in rapporto «situazione geografica, forma e carattere». In particolare l'attenzione posta sulla condizione geografica come primo fatto fisico da cui ripartire per stabilire significative relazioni tra la forma urbana della città e quelle del suo ambiente naturale, costituisce un punto di vista nuovo di lettura del progetto di ricostruzione della città di Le Havre; una chiave interpretativa tuttavia ben radicata sulla tradizione culturale dei geografi francesi, Poëte e Lavedan su tutti. Il progetto infatti, come scrive Nitti «sembra non solo aver determinato i propri principii insediativi cogliendo le potenzialità formali derivanti dalla sua situazione geografica, ma anche definito le proprie architetture riconoscendo il valore semantico degli elementi della geografia fisica nella definizione dell'identità e del carattere del luogo».

Secondo la tesi condivisibile di Nitti, Perret ripropone il senso urbano della città storica prima della distruzione più che le sue forme; gli spazi che definiscono e strutturano la forma urbana «ricalcano» infatti «solo in parte quelli della città storica». E anche quando li ripropongono la collocazione degli spazi monumentali (come il Municipio) possiedono una forma e un carattere differente. In definitiva gli spazi monumentali, le strade, le piazze mostrano una forma e un carattere diverso dalla città perduta.

Egli costruisce una città analoga alla precedente, scomparsa, una città con spazi che vorrebbero essere comuni, abituali e intelligibili, spazi dunque evocativi della città storica.

La 'nuova' città è una città per parti composta da fatti urbani, necessari per vivificarne la forma, disposti su una griglia intesa da Perret come 'il flessibile canovaccio d'un arazzo'. Il disegno urbano della città si struttura «sul rapporto tra due differenti tessuti ortogonali, definiti come autonomi e relazionati paratatticamente in una condizione di tensione, e non di continuità» come sottolinea Nitti.

La griglia modulare nell'ordinare la composizione delle parti che compongono il tutto, dall'isolato alla città, risolve la questione delle diverse densità edilizie che caratterizzano gli isolati e inoltre consente, mediante l'uso di un unico modulo (6,24 m.), di offrire un progetto coerente e unitario, e al contempo di offrire anche una risposta in termini di industrializzazione e prefabbricazione edilizia, con tempi brevi di esecuzione e costi ridotti.

Perret, con gli architetti dell'*Atelier*, nel riconoscere «un valore formale ai bacini portuali» visti «come centralità della forma urbana» predispone i luoghi e gli assi principali gerarchici sui quali innervare la forma della città. Questi nuovi fatti urbani ripetono o richiamano alla memoria i preesistenti, ma sono anche e soprattutto delle invenzioni.

Tutto inoltre ruota intorno ai tre grandi vuoti urbani che da sempre caratterizzano la città: il porto, il Bassin du Commerce e la Place de l'Hôtel de Ville.

I luoghi chiave, centrali e gerarchici, sono il Municipio e la Place de l'Hôtel de Ville, la Porte Océane che è una invenzione, e il Front-de-mer Sud; questi complessi sono intesi come 'capisaldi' intorno ai quali si organizza la forma urbana. Essi costituiscono inoltre i vertici di un triangolo, i cui lati si identificano con gli assi principali del centro: l'Avenue Foch; la Rue de Paris; il Boulevard François Ier. Le due trame articolate della griglia si incontrano sul Boulevard François Ier definendo su un lato dei *redans triangulaires* memori dell'insegnamento di Henard. Questo *boulevard* che ricalca il vecchio tracciato stradale è una invenzione formale.

Anche se Perret, come scrive Collins, non ha «pregiudizi moderni contro il modello urbanistico classico» istituisce un rapporto con la storia da intendersi come generativo, non come imitazione stilistica, e che si costruisce mediante un procedimento analogico.

I riferimenti che Perret ritrova nella storia urbana delle città francesi, di Parigi innanzitutto, e che faranno parte del suo immaginario, sono evidenti; come è stato da molti osservato, chiari sono i rimandi ad Haussmann (la monumentalizzazione dello spazio pubblico), alle Places Royales di Mansart, Gabriel e Patte per arrivare alle città dell'avvenire di Hénard con le sue torri e suoi *boulevard à redans*. Si riconoscono gli Champs Elysées nell'Avenue Foch, la Rue de Rivoli nella Rue de Paris e si ritrova lo spirito e la forma delle Places Royales nelle piazze di Le Havre.

Nella città intesa come manufatto il piano si realizza dunque con architetture, unica possibilità per il progetto urbano che contempli come risultato finale una forma significativa della città, dotata di un proprio carattere.

Forse Perret nel definire il carattere urbano di Le Havre avrà pensato a come è stata costruita Parigi nel tempo e alle particolari regole costruttive che ne hanno determinato il paesaggio urbano e un particolare carattere. Un'architettura civile, e la peculiarità formale di una città non si determinano infatti per caso. La fisionomia di Parigi e delle sue case sono collegati ad una disposizione di regolamento edilizio che oltre a determinare l'altezza delle case ne proibiva «ogni sporto, cornice e modanatura la cui proiezione cada sopra la strada». A Parigi si sono costruite per secoli facciate piane che ne hanno determinato il carattere distintivo del paesaggio urbano della città, come ci ricorda Aldo Rossi in un suo saggio.[8]

Perret non ha tre secoli a disposizione ma sente l'esigenza di conferire un carattere alla città, nel tempo poi la stratificazione, le sostituzioni, le sovrapposizioni determineranno l'aspetto pittoresco che nessun progetto può pensare di realizzare.

«Le Havre è una città che rinasce», come ha scritto Pierre Dalloz nel 1955 su Casabella, «dove la vita si integra con facilità; una città serena, sicura dei suoi effetti, in cui il pittoresco ha una disciplina e la maestà è tutta classica. Una città tutta nuova, la quale ormai appartiene al mondo delle grandi creazioni che non hanno età».

Con l'ausilio del disegno, inteso quale strumento privilegiato di conoscenza dell'architettura, di indagine e ricostruzione dei procedimenti compositivi rilevati, Nitti propone una lettura analitica delle soluzioni planimetriche generali, dei fronti urbani, delle diverse parti del progetto urbano e dei singoli edifici; inoltre sono stati elaborati disegni prospettici esemplificativi dello spazio urbano collettivo. In particolare attraverso il disegno si sono ricostruiti i tre luoghi principali della città, i capisaldi, quelli progettati da Perret.

Merito del lavoro di Nitti, inoltre, nel ridisegnare queste architetture è quello di evidenziare «l'esaltazione del sistema trilitico»[9] così caro a Perret, che aspira a un'*ordonnance architecturale* del cemento armato; la ricerca di una decorazione appropriata, atta a rappresentare il carattere degli edifici e il loro ruolo urbano, traspare da questi disegni, mettendo in evidenza il rapporto tra architettura e costruzione.

Questo minuzioso lavoro di ricostruzione dei fronti principali degli edifici, quelli che determinano il carattere dei luoghi, ci mostra la ricchezza e la varietà dei progetti dove la tanto criticata ripetitività e monotonia è in realtà piena di variazioni. Variazioni determinate da stati di necessità rappresentativi degli edifici e degli spazi da caratterizzare, che non sono tutti uguali ma bensì istituiscono delle gerarchie.

Altra questione interessante, affrontata da Nitti, è avere posto l'attenzione sulla riforma portata al tema dell'isolato e al dibattito sull'isolato chiuso e aperto, sullo spazio circoscritto e sullo spazio aperto. Perret e gli architetti dell'*Atelier* presentano una posizione critica rispetto all'isolato chiuso della città storica, ma al contempo ne riconoscono il ruolo fondamentale nella costruzione della città compatta, evidenziando la necessità di una sua rifondazione formale piuttosto che della sua eliminazione.

Sono in presenza anche di un altro problema da affrontare. Il progetto si realizza mediante una scelta formale precisa – gli isolati che costruiscono la città compatta – ma che per essere realizzata necessita di una «ridistribuzione delle quantità insediative» preesistenti. La redistribuzione della densità edilizia e abitativa passa quindi per una redistribuzione della proprietà. Il progetto mantiene la elevata densità abitativa della vecchia Le Havre ma attraverso operazioni di «rimodellazione e riorganizzazione qualitativa» delle quantità offre una risposta, nuova ed appropriata in termini di «densità-salubrità-efficienza»[10]. Il progetto prevede infatti più spazi aperti, sia privati (l'interno degli isolati) sia spazi collettivi (strade e piazze).

La rifondazione dell'isolato che avviene attraverso un principio di scomposizione dei volumi, prevede la composizione di tipi edilizi intorno ad uno spazio a corte aperta. I volumi degli edifici, che si dispongono intorno alla corte, sono caratterizzati da altezze diverse in rapporto alla definizione del luogo e del programma funzionale e nel rispetto delle condizioni di illuminazione naturale e delle gerarchie imposte dal ruolo urbano.

Da questo punto di vista appare ricca e singolare l'esperienza formale degli isolati d'abitazione posti di fronte all'Hôtel de Ville e in generale i progetti di Perret per la città, veri e propri saggi di composizione urbana dove il tipo a torre diventa l'elemento caratterizzante il luogo nello svolgere un ruolo contrappuntistico dal punto di vista urbano. Le torri poste sulle estremità degli isolati che definiscono la piazza del Municipio ne sottolineano il ruolo di centro civico urbano, offrendo un effetto di quinta scenica.

La Porte Océane si configura appunto come una porta di città posta sull'oceano conferendo a questo luogo un nuovo valore urbano e paesaggistico. Lo spazio collettivo, la piazza o le piazze definite da edifici in linea e a torre, accolgono due delle principali arterie che qui confluiscono. Due alte torri nel contribuire a definire i ruoli civili delle piazze offrono una convincente immagine di porta urbana, figura che si vorrebbe avvistabile da lontano.

Il Front-de-mer Sud si caratterizza come un vero 'fronte del porto' che nella storia ha dei precedenti e definisce una serie di piazze aperte sul porto, scandite da edifici in linea e a torre.

Un tema, quello della torre, che caratterizza il progetto di Perret per Le Havre e in generale molti dei suoi progetti urbani. Il tema dell'edificio alto, della torre isolata o raggruppata, costituisce uno dei temi più significativi e interessanti dell'architettura della città, ricco di stimoli e di sollecitazioni, non solo per la sfida tecnica insita nella costruzione dell'edificio in altezza, quanto per la valenza rappresentativa che può assumere nel contesto urbano o paesaggistico in cui, inevitabilmente, emerge come un punto di riferimento e orientamento.

Perret a le Havre può essere identificato con quell'artefice che con le sue stesse parole così descrive come «chi, senza tradire le moderne condizioni di un programma o l'uso di materiali moderni, realizza un'opera che sembra sempre esistita, che, in una parola, è banale, si può ritenere soddisfatto. Meraviglia e sorpresa sono sentimenti aneddotici e contingenti. Non durano. Il vero scopo dell'arte è di portarci dialetticamente di soddisfazione in soddisfazione, fino a superare la semplice ammirazione, per trovare il piacere nella sua forma più pura»[11].

[1] Polesello, *et al.* 1960, p. 45.
[2] Benevolo 1960, p. 781.
[3] Polesello, *et al.* 1960, p. 45.
[4] *Ivi*, pp. 45, 46
[5] Si riprendono alcune riflessioni di Gargiani (1992, p. 186).
[6] Auguste Perret cit. in Gargiani (1992, p. 186).
[7] Collins 1965, p. 241.
[8] Rossi, Aldo, "Considerazioni sulla morfologia urbana e la tipologia edilizia" in Id., Scritti scelti sull'architettura e la città, Milano, Clup, 1975, pp. 212-213.
[9] Si riprendono alcune considerazioni di Gravagnuolo (1991, p. 231).
[10] Si riprendono alcune osservazioni di Mamoli, Trebbi (1988, p. 209).
[11] Auguste Perret cit. in Collins (1972, p. 393).

Eupalino magnificamente mi dipinse le costruzioni gigantesche che si trovano nei porti. Esse avanzano nel mare; i bracci, d'un biancore assoluto e crudo, circoscrivono bacini assopiti e, custodendone la calma, li conservano sicuri al rigurgito delle galee riparate dalle scogliere irte e dalle dighe fragorose. Sull'estrema schiuma dei moli, l'alte torri ove si veglia mentre la fiamma delle pigne danza e crepita alle notti impenetrabili, segnano le strade equoree. Osare simili lavori vale come sfidare Nettuno. Bisogna gettare montagne a carrate nelle acque che si vogliono chiudere; e con grezzo brecciame strappato alle viscere della terra opporsi alla mobile profondità del mare, e opporsi agli urti delle cavallerie monotone, che il vento sospinge e valica... Questi porti, diceva il mio amico, questi vasti porti che chiarità per lo spirito; come si svolgono, e come discendono verso il loro destino! Ma le meraviglie proprie del mare, e la statuaria casuale delle rive, sono liberalmente offerte all'architetto dagli dei. Tutto cospira all'effetto che sulle anime producono questi nobili stabilimenti seminaturali; la presenza dell'orizzonte puro, la nascita e il disparire d'una vela, l'emozione del distacco da terra, l'inizio dei perigli, la soglia sfavillante delle contrade sconosciute; e la medesima avidità degli uomini, subito pronta a mutarsi in timore superstizioso non appena essi le cedono e mettono piede sullo scafo...Sono, invero, teatri mirabili, e giudichiamo più alte soltanto le opere d'arte.

Paul Valery, *Eupalino o l'architetto*.

INTRODUZIONE

È l'immagine di una città, o meglio, dei vasti bacini di una città portuale, quella che si impressiona dalle parole di Paul Valery scritte nel 1921, e che venticinque anni dopo la stesura di quelle righe, solo apparentemente frutto di una fatalità, sembrerà inverarsi nella ricostruzione di Le Havre ad opera di Auguste Perret. Dal cumulo di macerie cui era stata ridotta nel settembre 1944 la città di François Ier, fondata quattro secoli prima come 'soglia sfavillante delle contrade sconosciute' di quel Nuovo Mondo allora appena scoperto, riemersero infatti drammaticamente dinanzi agli occhi del maestro parigino le 'irte scogliere', i 'bacini assopiti' e l''orizzonte puro' del mare evocati dall'amico poeta. Di fronte alla smisurata ampiezza dell'Oceano trovarono così forma costruita quelle 'alte torri' che segnano le sue rotte e che costituiscono, con le 'meraviglie proprie del mare' e la 'statuaria casuale delle rive', la scena di quel 'teatro mirabile', opera dell'uomo e della natura, nel quale continua a rappresentarsi 'l'emozione del distacco da terra'.

Un'analogia non casuale e neanche puramente estetica lega la città mediterranea descritta da Eupalino a quella atlantica costruita da Perret, entrambe piuttosto frutto di un unico e più antico pensiero che sembra definirsi all'interno di una relazione dialogica tra natura e cultura, dove già la semplice esperienza sensibile della prima si costituisce come il momento originario di una più profonda attività della conoscenza[1].

Relazione, quella appena enunciata, che costituisce quindi lo sfondo dinanzi al quale si colloca questo studio, il cui oggetto è il progetto di ricostruzione, o meglio, di «vera e propria creazione *ex novo*»[2] del centro urbano di Le Havre. A questa città si guarda da un punto di vista morfologico, che ne considera cioè la forma e il significato, e che quindi vuole focalizzare l'attenzione sui suoi principii costitutivi e sulla loro possibile trasmissibilità prima ancora che sulle contingenze che l'hanno determinata.

Durante e negli anni immediatamente successivi alla ricostruzione postbellica in Francia, risentendo forse ancora della temperie culturale che aveva cercato il superamento delle contraddizioni della città ottocentesca, era stato innanzitutto riconosciuto alla ricostruzione di Perret il merito di aver restituito ad ogni abitante di Le Havre la dignità di aria e luce, sanando quella condizione di sopraelevata densità urbana che aveva reso difficilmente sostenibili le condizioni abitative nella pittoresca città del periodo pre-bellico, e che più in generale aveva già costituito una delle ragioni della crisi della città dell'Ottocento. Al di là di questo riconoscimento le forme attraverso cui si era concretizzata la rinascita della città erano però state in gran parte interpretate come un residuo storicista probabilmente inadeguato dinanzi all'*ordre ouvert* delle nuove città.

Maturata però col tempo una sufficiente distanza rispetto ad esso, il progetto per Le Havre si è prestato a nuove interpretazioni. Appare infatti oggi più chiaro che nell'opera di Perret sia rintracciabile una più profonda ricerca volta a individuare quelle costanti che hanno determinato la struttura formale delle città di Francia, non semplicemente rispettate ma anche riaffermate nel tempo perché legate ad irrinunciabili valori dell'abitare, pur attraverso le successive modificazioni imposte dalle mutate esigenze della vita.

Ancora, appare oggi più chiaro che l'attività conoscitiva da parte di Perret di queste costanti formali si sia esplicata attraverso uno sguardo pienamente appartenente al proprio tempo, uno sguardo cioè consapevole dei suoi valori, delle sue speranze e delle sue aspirazioni. All'interno di questa ricerca e da questo punto di vista, quindi, il progetto per la città atlantica ha consentito a Perret una reinterpretazione e restituzione del significato più profondo delle forme sedimentate nelle città ereditate dai propri padri, amate non tanto o non solo per affetto filiale, quanto per il loro costituirsi come forme ancora in atto. La ricostruzione di Le Havre, dunque, ha definito un'ulteriore prospettiva sulla costruzione della città contemporanea, facendo luce sulla possibilità, ancora non del tutto indagata, di definire un'idea di città, di forma e di spazio, che ci è possibile riconoscere come pienamente appropriate e corrispondenti ai modi odierni del nostro abitare, ma al contempo saldamente radicate in una più ampia tradizione urbana, rispetto alla quale ne ricercano una continuità.

A partire da queste premesse, e non ancora esauritosi l'insegnamento che questa esperienza ci offre, il presente studio riconosce il suo valore anche e soprattutto in rapporto alle possibilità di sviluppo che essa contiene. La possibilità di un uso progressivo dell''eredità metodologica' del maestro parigino era stata già sottolineata nel 1974 da Vittorio Gregotti, che da giovane studente aveva trascorso un breve periodo all'interno del suo studio in Rue Raynouard a Parigi, uso che senz'altro avrebbe aperto il suo insegnamento a nuove interpretazioni e prospettive forse non previste neanche dallo stesso Perret, perché determinate, volta per volta, dalla realtà a noi contemporanea[3].

È questo un passaggio particolarmente significativo, che consente di collocare il progetto per la città atlantica in rapporto ad alcune delle questioni che vengono ora poste dalla città del nostro tempo. Una città la cui condizione 'estesa', in un certo senso nuova dopo l'eliminazione del limite fisico dato dalle mura urbiche, che aveva storicamente definito città e natura come entità distinte ma complementari, avrebbe potuto tradursi, come aveva auspicato Giuseppe Samonà in un «nuovo modo di essere città dei larghi territori»[4], ma che invece ha visto la riduzione a un modo di interpretare lo spazio come un''estensione' continua e omogenea. Probabilmente è questa la ragione per cui questa città si è costituita come 'diffusa', non consapevole del valore della 'misura' e della 'finitezza'. O ancora, come una città 'generica', che ha ignorato il valore dell''intervallo' e della 'pausa' all'interno del costruito, dando origine all''eclatante mancanza di spazio' della città contemporanea, e che per questo, pur assolvendo alle 'funzioni' dell'abitare, non sempre ha saputo esprimere i 'valori' civici di una vita urbana, prerogativa quasi esclusiva delle città storiche.

In rapporto quindi alla necessità di contenere la dispersione urbana, restituendo significato al rapporto con gli spazi aperti al suo intorno, e di restituire un'identità urbana laddove questa è messa in crisi, assume particolare pregnanza la possibilità di definire una nuova interpretazione della struttura urbana, nuova perché tale è il problema col quale ci si deve confrontare, capace di attribuire significato e di definire relazioni tra lo spazio di natura a margine della città e i potenziali frammenti di città collocati nei contesti periurbani.

A partire da queste premesse riveste quindi un certo interesse l'occasione di affrontare, attraverso il progetto per le Havre, la possibilità riformativa della città compatta, un modello urbano che ha storicamente determinato la forma della città e dei territori europei, col quale è ancora necessario confrontarsi e per il quale, come sottolineava Colin Rowe[5], è ancora possibile indagare le sue potenzialità inespresse nella condizione della 'città in estensione'.

Certamente questo studio non aspira a una riproposizione reazionaria delle ragioni della città densa, quanto piuttosto ad una verifica delle possibilità di declinare e reinterpretare i suoi caratteri morfologici e spaziali all'interno di una relazione dialettica con lo spazio aperto di natura, relazione impossibile da eludere e anzi, se correttamente assunta, traducibile in nuove possibilità per la costruzione della città contemporanea.

Per questo studio, infatti, sembra possibile assumere l'esperienza di Le Havre come paradigmatica delle modalità con cui una forma densa, compatta ed evocativa dell'urbanità della città storica si sia definita attribuendo e traendo significato dalle relazioni stabilite con la natura, ponendo in chiara luce il problema, ancora aperto, di una ricerca volta a rifondare il significato del rapporto tra gli spazi interni della prima e quelli esterni della seconda. Certamente già la città storica ha sempre stabilito rapporti consustanziali con le forme naturali, raggiungendo momenti di straordinaria intensità assumendole, in particolar modo, nella loro componente orografica. Generalmente, però, si rivolta verso un centro tutto interno, dove essa stessa, i suoi valori e la sua vita costituivano l'oggetto pressoché esclusivo della rappresentazione. Il caso di Le Havre costituisce invece una nuova interpretazione della città compatta: i suoi luoghi collettivi e monumentali, che analogicamente rimandano a quella più generale cultura dell'abitare della città francese, si collocano infatti 'marginalmente' rispetto al centro urbano, non solo riconoscendo loro un valore formale nella definizione dei propri principii insediativi, ma anche aprendosi e rappresentando il proprio mondo civico dinanzi a quegli elementi della geografia fisica nei quali il progetto di Perret ritrova l'identità più profonda del luogo. Le forme e il carattere dell'architettura di questa città si costituiscono dunque come la traduzione, intelligibile perché collocata nel solco della tradizione, dell'identità e del carattere di quelli che è possibile indicare, con una locuzione di Carlos Martì Aris, come 'fatti geografici', che costituiscono la radice etimologica dei suoi 'fatti urbani'[6].

Nella città atlantica, in particolare, questo dialogo sembra essersi fondato sulla possibilità di conferire un senso rinnovato a frammenti provenienti dal patrimonio culturale del quale il maestro parigino disponeva. È per questa ragione che le forme della geografia vengono tradotte con forme architettoniche e spaziali tipizzate e riconoscibili o addirittura paradigmatiche, quali quelle della torre, edificio che guarda lontano ed è guardato da lontano, o della piazza, luogo in cui la città si rappresenta come 'comunità', in una rinnovata interpretazione, definita anche attraverso delle precise tecniche di composizione che questo studio si propone di indagare, e finalizzata alla costruzione di un teatro sul quale si confrontano, come mondi differenti e interagenti, cultura e natura, «l'umano e l'inumano»[7].

Questa città inoltre, forse perché costruita come una grande architettura secondo il progetto unitario di un maestro e del suo *Atelier*, ci pone in modo particolarmente chiaro alcune questioni non inerenti o riconducibili esclusivamente alla fondazione di una città, occasione peraltro difficilmente ripetibile, ma piuttosto centrali per qualsiasi progetto aspiri a un valore urbano. A queste, che non si dispongono in una semplice successione scalare che consente il passaggio da una lettura dell'insieme a una del particolare, ma piuttosto rappresentano le diverse categorie attraverso cui è possibile effettuare una lettura organica della città di Perret, corrispondono i nuclei tematici attorno ai quali si articolano le quattro parti di cui si compone il presente studio.

La prima parte vuole sviluppare delle considerazioni relative alla più generale ricerca che il maestro parigino ha sviluppato sull'"idea di città', con riferimento particolare ad una selezione di alcuni suoi progetti urbani, collocati all'interno di una duplice prospettiva. Questi sono stati infatti innanzitutto interpretati in un rapporto sincronico con alcune coeve esperienze della costruzione della città francese, che hanno consentito la ricostruzione di uno spaccato critico attraverso cui si è tentato di definire una possibile posizione del pensiero di Perret all'interno del proprio tempo. In secondo luogo questi progetti e realizzazioni sono stati ordinati secondo una successione cronologica che ha consentito di riconoscere, assieme ad alcune invarianti che consentono di leggerla unitariamente, la presenza di due distinti momenti di questa più ampia ricerca, che è possibile ricondurre a due differenti modi di costruzione della città. Considerazioni, queste, che non hanno pretesa di esaustività, ma piuttosto cercano di focalizzare i caratteri fondamentali che definiscono l'"idea di città' soggiacente al progetto per Le Havre e di restituirne la ricostruzione, in tutta la sua profondità, come il momento conclusivo di una lunga e paziente ricerca.

La seconda parte si focalizza invece sulla 'forma della città' atlantica a partire da una lettura della sua 'situazione geografica', con lo scopo di indagare i caratteri morfologici dei 'fatti geografici' che caratterizzano il luogo che ospita la città e le loro possibili relazioni con la sua forma complessiva, prima ancora che con i suoi 'fatti urbani'. All'interno di questo rapporto sono state ricondotte anche alcune specifiche fasi della sua storia, dalla fondazione alla distruzione, nonché le diverse proposte elaborate all'indomani dei bombardamenti dall'*Atelier de Reconstruction de la Ville du Havre*, che consentirono la definizione dei principii insediativi su cui si fondò il progetto di ricostruzione della città. Questo articolato confronto, lungi dal volersi costituire come una 'biografia' forma urbana, ha piuttosto consentito l'individuazione dei punti di continuità e discontinuità tra la conformazione prebellica e le diverse fasi della ricostruzione perretiana, l'individuazione, ancora, di quelle costanti e di quelle invenzioni formali che hanno consentito una possibile ridefinizione del rapporto tra la città storica e quella di Perret. Per quest'ultima, oltre alla ricostruzione dei suoi passaggi formativi, ne viene tracciata una possibile origine, cercando di individuarne i suoi antecedenti, logici e tipologici, e ponendo in evidenza i legami con alcune particolari esperienze della costruzione della città francese nella storia.

La terza parte prende in considerazione la Place de l'Hôtel de Ville, la Porte Océane e il Front-de-mer Sud, riconosciuti come i luoghi in cui si manifesta con maggiore chiarezza la ricerca sviluppata da Perret sullo 'spazio della città'. Per ciascuno di questi si cerca di approfondire il significato e le grammatiche costitutive e di individuare le analogie e variazioni stabilite rispetto ai paradigmi storici di riferimento. Questa lettura si estende inevitabilmente anche alla parte elementare attraverso cui si costruisce quest'idea di spazio, l'isolato urbano, sottoposto a una rifondazione formale e semantica. A partire dal riconoscimento di questi nuovi caratteri morfologici, spaziali e tipologici viene così affrontato il tema della costruzione della città attraverso la residenza, approfondendo le nuove relazioni stabilite, attraverso l'isolato stesso, tra lo spazio urbano e quello residenziale.

La quarte parte, infine, prende avvio dal riconoscimento delle possibilità espressive della costruzione nella definizione dell'identità e del carattere dei tipi edilizi, nonché delle loro relazioni reciproche. La codificazione di un linguaggio della costruzione unitario, ma articolato allo stesso tempo in molteplici declinazioni, consente di riconoscere una significativa relazione tra questa e il carattere dello spazio urbano. All'interno di questo rapporto, e quindi in una dimensione eminentemente 'urbana', viene indagata l'articolazione degli elementi della costruzione nella composizione dell'*ordonnance architecturale* e quindi nella definizione del 'carattere della città'.

[1] «Vedete come la purezza del cielo, l'orizzonte chiaro e terso, una bella disposizione delle coste possano essere non solo condizioni generali d'attrazione per la vita e di sviluppo per la civiltà, ma anche elementi stimolanti di quella sensibilità intellettiva particolare che si distingue appena dal pensiero». VALERY 2011, p. 67.

[2] POLESELLO, *et al.* 1960, p. 45.

[3] «…se la storia dell'architettura dei venti anni successivi al dispiegarsi della sua attività ha sviluppato solo alcuni di questi motivi, questo non implica che essi fossero i soli a determinare la sua architettura. Oggi noi possediamo saldamente l'eredità metodologica dell'insegnamento di Perret: ma un uso progressivo di tale eredità è connesso alla capacità da parte nostra di intendere anche "gli altri motivi"; questi saranno per noi nuovi e diversi da quelli di Perret perché ci sono posti dal nostro mondo contemporaneo, tuttavia essi sono di fronte a noi proprio per venire accettati e compresi nella loro contraddittoria complessità» (GREGOTTI 1974, p. 18).

[4] SAMONÀ 1980, p. 15.

[5] ROWE, KOETTER 1977, p. 65.

[6] MARTÌ ARIS 2005, p. 56.

[7] VALERY 1997, p. 43.

I. CITTÀ DI TORRI O L'IDEA DI CITTÀ

Come aveva già sottolineato Gregotti in un suo saggio giovanile[1], la ricostruzione di Le Havre costituisce il momento conclusivo di una ricerca che, sviluppata nel tempo, ha consentito a Perret di «fissare alcuni principii, affinarli, metterli a fuoco sempre più sottilmente, sempre più rigorosamente»[2]. Il progetto per la città atlantica va quindi osservato retrospettivamente in rapporto a una serie di esperienze, sicuramente differenti tra loro, ma relazionate da un comune denominatore individuabile innanzitutto nella consapevolezza del valore urbano del progetto d'architettura e della possibilità di definire attraverso questo la città del proprio tempo. Già lo stesso Perret aveva reso esplicito questo punto di vista, rifiutando di «stabilire una distinzione tra l'architetto e l'urbanista»[3] e anzi affermando, nella *Contribution à une théorie de l'architecture*: «Mobile o immobile, tutto quello che occupa lo spazio appartiene al dominio dell'Architettura»[4].

Pur riconoscendo una coerenza che a partire da questo assunto consente di leggere organicamente la pluralità delle esperienze condotte, la ricerca di Perret si sviluppa ed evolve nell'intero arco di un cinquantennio di attività, sempre però legittimandosi in rapporto a uno stato di necessità rispetto al proprio tempo e acquisendo profondità nella definizione di molteplici relazioni con l'esperienza storica, che le consentono di radicarsi con una saldezza sempre maggiore all'interno di una più generale e condivisa cultura dell'abitare. A partire dai primi progetti fino a quest'ultima sua realizzazione, la riflessione che egli mette in atto sembra dunque approfondirsi attorno a dei principii dei quali è possibile riconoscerne la permanenza ma allo stesso tempo la loro declinazione o variazione, principii la cui lettura consente di tracciare lo sviluppo di un'idea di città che, arricchendosi col tempo di riferimenti molteplici e differenti, sedimentati e trasfigurati, soggiace, da ultimo, alla forma costruita di Le Havre.

Nello specifico, una chiave di lettura che consente non solo di leggere organicamente questo ambito della ricerca perretiana, ma anche di selezionare quei suoi progetti che restituiscono con maggiore evidenza la presenza di un rapporto genealogico con l'esperienza di Le Havre, è la riflessione articolata attorno all'edificio a torre e al suo ruolo nella definizione della città del XX° secolo. Il ricorso a questo tipo edilizio costituisce infatti un *fil rouge* che lega una serie di esperienze, che vanno dalla realizzazione dell'*immeuble* al 25bis di Rue Franklin a Parigi fino alla ricostruzione città atlantica. Le realizzazioni e riflessioni che si collocano tra questi due poli sono accomunate dall'attribuzione di un valore non solo iconico ma anche strutturale all'edificio alto, inteso come prodotto precipuo della cultura contemporanea dell'abitare e strumento privilegiato per esprimere la dimensione della 'grande città' e i rapporti che le sue parti aspirano a stabilire col paesaggio urbano e col territorio al suo intorno.

All'interno di questa ricerca sembra possibile riconoscere una soluzione di continuità che consente di individuare due momenti relazionati ma distinti. Oltre queste comuni premesse si può infatti osservare una variazione, in ciascuno di questi momenti, nei rapporti che l'edificio a torre va a stabilire col suolo e quindi con lo spazio al suo piede, riconducibili sostanzialmente a due differenti idee di città.

Si può affermare che nei progetti del maestro parigino la ricerca sulla forma urbana si inserisca all'interno di quella critica all'isolato haussmanniano, sottoposto a una revisione formale e semantica, come nel caso dell'*immeuble* al 25bis di Rue Franklin, o addirittura negato *in toto*, come nei disegni per le *Villes-Tours*, che definiscono il paradigma possibile per una città costruita esclusivamente attraverso il ricorso all'edificio a torre.

Le torri di queste ultime prefigurazioni urbane, che caratterizzeranno la prima fase della sua ricerca, si situano puntualmente, come figure isolate, all'interno di un 'vuoto continuo' in cui lo spazio al loro piede è quello naturale, ma, legate da passerelle aeree o ponti, si ordinano in successioni seriali a costituire degli insiemi che pur trasfigurandone la scala e il carattere, continuano, attraverso il principio della loro disposizione, a evocare gli spazi della strada e della piazza.

Differente, invece, è il rapporto stabilito col suolo in quei progetti sviluppati a partire dai primi anni '30. In questi, infatti, gli edifici alti vanno a collocarsi all'interno della città compatta, e al loro piede vi è dunque quel 'solido continuo' del tessuto urbano, i cui spazi aperti sono individuati e circoscritti dalla massa densa degli isolati. La ricerca perretiana si orienta, in questo modo, a definire le possibili grammatiche costitutive di sistemi complessi che, nella variazione tipologica delle parti, edifici a torre ed isolati urbani a corte o a blocco, assumono ancora il problema rifondativo dell'isolato nelle sue forme storiche. Per questo ne propongono però, rispetto alle prime prefigurazioni, una nuova, possibile forma, che se da un lato riprende la cultura dell'abitare della città della storia, dall'altro, al contempo, aspira a conferirgli, attraverso questa invenzione tipologica, una dimensione appropriata alla 'grande città' contemporanea.

È attraverso questi ultimi progetti dunque, che l'originaria idea di una città di torri si riappropria di quel complesso mondo di riferimenti, dalla Parigi di Patte fino a quella di Haussmann, che ha segnato l'identità della città francese, e stabilisce un rapporto critico con la città storica, ponendo le premesse ai successivi sviluppi per quella ricerca della forma urbana che avrà come esito la rifondazione della città atlantica.

I.1. 'Le cattedrali della città moderna': dall'*immeuble* al 25bis di Rue Franklin alle *Villes-Tours*

Le prime riflessioni che affrontano in maniera più o meno esplicita la questione della forma urbana prendono avvio inserendosi all'interno di quella complessa critica alla città dell'Ottocento[5], maturata su più fronti e con esiti differenti in campo europeo già sul finire del XIX° sec.. Nello specifico, in ambito più propriamente francese, oggetto di questa critica è la città haussmanniana, che alla metà del secolo aveva costituito una delle esperienze paradigmatiche della costruzione della città, ma dei cui limiti, che cominciavano a manifestarsi con evidenza, se ne cerca il superamento con proposte molteplici e differenti. Particolarmente significative, in quanto consentono di individuare i poli di questo articolato orizzonte, appaiono le riflessioni di Eugène Hénard da un lato e quelle di Tony Garnier dall'altro, che pur giungendo a proporre soluzioni pressoché antitetiche, si definiscono a partire dal riconoscimento del medesimo problema. Definite infatti in relazione al medesimo stato di necessità e orientate verso un obiettivo condiviso, che è quello della definizione della città del proprio tempo, sembra possibile isolare alcuni nuclei tematici che in un certo senso consentono, oltre che una semplice lettura comparata delle due ricerche, di collocare la riflessione di Perret all'interno del campo culturale che l'ha vista nascere.

Nella complessità delle questioni affrontate, emerge con chiarezza in entrambe le ricerche, e su questa è utile soffermarsi, la volontà rifondativa delle forme che la strada e la casa avevano assunto all'interno della città haussmanniana. A queste due proposte comune è l'abolizione della *rue corridor*, individuata invariabilmente attraverso la continuità della sua cortina edilizia, nonché l'eliminazione delle corti chiuse all'interno degli edifici residenziali, in nome di esigenze tanto estetiche quanto igieniche e sanitarie.

Nello specifico, le considerazioni che Hénard sviluppa a più riprese nel corso dei primi anni del Novecento rivestono un particolare interesse rispetto alla ricerca intrapresa da Perret. Assumendo come orizzonte problematico quello della città compatta, Hénard «analizza i problemi meccanici di organizzazione della metropoli ottocentesca, e ne ricerca le soluzioni in una modernizzazione della struttura tradizionale mediante l'applicazione delle nuove tecnologie»[6]. Il suo complesso apporto critico si sviluppa tramite il ricorso ad esempi, a volte svincolati da situazioni particolari, ma più spesso applicati al caso specifico di Parigi, della quale ne vengono indagati tanto alcuni suoi punti nevralgici, quanto la forma urbana nella sua interezza. All'interno dunque degli *Études sur les transformations de Paris*, pubblicati tra il 1903 e il 1909, è possibile isolare alcune questioni e soluzioni che, come è stato già ampiamente dimostrato[7], definiscono una chiara ascendenza nei confronti di quelle sviluppate da Perret. Appaiono infatti particolarmente significativi quei passaggi in cui egli individua innanzitutto nella ricerca delle nuove forme della strada e della casa, «elementi costitutivi e primordiali della città»[8], le possibilità rifondative della Parigi haussmanniana. Sbilanciata su aspetti tecnologici più che propriamente formali quella sul tipo abitativo, sembra essere particolarmente proficua la riflessione sviluppata sulle forme della strada. In una delle prime pubblicazioni egli infatti suggerisce, aspirando a conseguire nuovamente la complessità e la ricchezza che questa aveva assunto nel corso della storia, la sostituzione della *rue corridor* haussmanniana con un nuovo tipo, da lui definito come *boulevard à redans*. Dinanzi alla continuità della cortina edilizia lungo il tracciato stradale, viene infatti proposta la disgiunzione parziale della prima dal secondo, con la conseguente possibilità di arretrare parti del fronte in punti discreti del suo sviluppo, e aprire in questo modo corti alberate lungo la strada. Questa considerazione sulla forma dello spazio pubblico, assumendo come proprio contesto l'interno della città compatta, si riverbera inevitabilmente su quella dell'isolato urbano, che viene ancora riconosciuto come la parte elementare della città, ma per il quale viene implicitamente delineato un principio rifondativo di scomposizione, già presente in alcune tipologie architettoniche della storia della capitale francese, ma soprattutto di apertura, che nella successione delle corti aperte nega la perentoria chiusura di quello haussmanniano.

Il tema della strada viene poi ripreso ne *Les villes de l'avenir*, dove, al fine di risolvere problemi igienici, viene suggerita la soluzione di una 'strada a più piani', che scompone il tracciato stradale in più parti sovrapposte, ciascuna con proprie destinazioni d'uso. Si definisce così una sezione urbana complessa, per la quale ne vengono proposte soluzioni differenti. La più semplice si articola su due quote, delle quali quella inferiore, ipogea, è destinata ad accogliere canalizzazioni, servizi, impianti e trasporti pubblici, quella superiore, all''aria libera', è adibita invece alla circolazione delle vetture leggere e dei pedoni.

Da ultimo viene poi affrontato in maniera parziale per quel che riguarda le sue implicazioni formali, ma tuttavia profondamente significativa per quel che riguarda il suo rapporto con la forma urbana, il tema dell'edificio alto all'interno della città compatta. Seppur definita a partire da considerazioni legate al traffico aereo, quel che è rilevante di questa riflessione è la definizione di una relazione morfologica tra l'edificio a torre, oggetto di un particolare interesse in quegli anni, e la città storica ai suoi piedi. Afferma Hénard:

> Sarà necessario, in via assoluta, costruire nei centri maggiori, come punto di riferimento, torri altissime, guglie immense di forma caratteristica dotate, di notte, di fari. Le cittadine potranno accontentarsi dei loro vecchi piccoli campanili; le città medie dovranno avere dei campanili di 100-150 metri di altezza; quanto alle grandi capitali come Londra o Parigi, Berlino o New York, esse non potranno più accontentarsi di torri di trecento metri, ma richiederanno di edifici di almeno cinquecento metri. [...] Al centro del nucleo sorgerà la colossale torre per l'orientamento, di 500 metri, coronata da un potente faro. Ai suoi piedi la città storica con i monumenti antichi, le vecchie case, tutti i tesori artistici e tradizionali. Una prima cintura di grandi torri di 250-300 metri segnerà la superficie interdetta a tutti gli aviatori. Questi edifici di forma diversa e facili da riconoscere potranno essere otto, e posti nei punti principali della rosa dei venti. Poi verrà la corona circolare delle case dal tetto piano, zona di due o tre chilometri di larghezza. [...] Alla sua periferia una seconda cintura di alberi alti o di guglie metalliche, di 150-200 metri di altezza, limiterà la città e la preserverà dalle grandi navi aeree[9].

Le torri di questa prefigurazione si pongono dunque come edifici eccezionali rispetto al tessuto urbano, posti al centro della città e ai limiti delle sue parti per guardare lontano ed essere guardati da lontano, e traggono la propria ragion d'essere dalla loro collocazione prima ancora che dalla loro 'forma caratteristica'.

La riflessione di Garnier, sostanzialmente coeva a quella di Hénard, in quanto formalizzata già verso il 1904, e pubblicata col nome di *Cité Industrielle* nel 1917, propone una più radicale alternativa alla città haussmanniana[10]. Sintomatica è innanzitutto la scelta di non contestualizzare le proprie riflessioni all'interno della città compatta, ma di individuare, come in un antico rito di fondazione di una città, un sito appropriato alla sua edificazione, comprendente «tanto delle zone montane che una pianura, quest'ultima attraversata da un fiume»[11], in relazione alle quali si dispongono le parti che costituiscono la città.

All'interno di questo campo viene affrontata in maniera diretta la questione della casa d'abitazione, la cui rifondazione si riverbera inevitabilmente sulle forme dell'isolato urbano e della strada. Garnier infatti individua nella casa unifamiliare, che si presenta isolata, binata o accostata in serie, il morfema costitutivo della forma urbana. Non vi è dunque alcuna traccia o eredità dell'isolato haussmanniano, che viene completamente frammentato in unità autonome, disposte puntualmente all'interno di un grande lotto piantumato i cui limiti sono individuati dal reticolo stradale. La loro disposizione «permette l'attraversamento della città in ogni direzione; indipendentemente dalle strade, che non è più necessario seguire; e il terreno della città, considerato nel suo assieme, è come un grande parco»[12].

Viene dunque definita nella proposta di Garnier una città collocata all'interno di un grande parco che come un 'vuoto continuo' ne definisce lo sfondo, e che sceglie di costruirsi con una bassa densità, rifiutando le costruzioni in altezza, riservate esclusivamente per il centro, dove «una grande torre con l'orologio è visibile da tutta la città»[13].

La ricerca di Perret si colloca dunque in prima istanza tra questi due poli, laddove sembra più evidente la presenza di un filo genetico che la lega all'esperienza di Hénard, ma per la quale, come si vedrà in seguito, non si può negare per certi aspetti, isolati e circoscritti ma tuttavia non marginali, l'influenza delle considerazioni avanzate da Garnier. La riflessione del maestro parigino prende però corpo anche in relazione ad altre esperienze, che pur non avendo affrontato in maniera diretta il tema della costruzione della città, avevano definito soluzioni delle quali è riconoscibile una traccia all'interno della sua ricerca. Sembra infatti possibile affermare che all'interno di questo panorama la riflessione messa in atto da Perret si rivolga più esplicitamente di quelle degli stessi Hénard e Garnier verso quell'ambito della cultura architettonica francese in cui la volontà rifondativa della città ottocentesca lega la propria riflessione e si serve di quella ricerca volta ad esplorare le potenzialità costruttive dei nuovi edifici in *beton armé*[14] e a indagarne quindi gli esiti nella definizione della città moderna[15].

All'interno della ricerca perretiana sembrano dunque confluire a questo punto, come ha evidenziato Gargiani, anche le acquisizioni maturate «nell'ambito della cultura di quei tecnici del calcestruzzo armato, da François Coignet a François Hennebique, in cui le scoperte scientifiche spesso si intrecciano a prefigurazioni di carattere architettonico e urbanistico»[16]. Le loro ricerche infatti, volte in prima istanza a verificare le possibilità costruttive del nuovo materiale, trovano uno dei campi di sperimentazione nella costruzione dell'edificio alto, il cui fascino suggerisce l'immagine di una nuova città, cui non erano estranee anche quelle intime connessioni con la letteratura di fantascienza e i romanzi di Jules Verne[17] ed Herbert George Wells[18].

Oltre infatti al progetto di Hennebique per una torre in legno alta 300 metri, da realizzarsi per l'Esposizione di Bruxelles del 1888, non dovevano certo essere estranee a Perret le considerazioni sviluppate da Coignet, il quale con la pubblicazione di *Constructions civiles et militaires. Emploi des Bètons agglomérès*[19], aveva preconizzato già nel 1861 una città costruita su una piattaforma in calcestruzzo armato, contenente servizi, canalizzazioni e linee ferroviarie, e sulla quale si sarebbero potute costruire «torri di altezza inusitata, se necessario centinaia di metri»[20]. Al di là delle volontà e degli esiti formali, queste ricerche rivestono un particolare interesse in quanto dimostrative dell'esistenza di una più generale aspirazione, ricorrente in differenti e molteplici ambiti della cultura francese, finalizzata alla realizzazione di quella «"torre di altezza inusitata", che tra la fine dell'Ottocento e l'inizio del Novecento cessa di essere sogno per acquisire dimensione di attualità grazie anche al crescente interesse della cultura architettonica francese per il grattacielo americano»[21].

Sembrerebbe infatti chiaro che fin dalle prime esperienze la ricerca di Perret focalizzi una buona parte del proprio interesse nei confronti dell'edificio alto, nel quale viene riconosciuta l'occasione a partire dalla quale operare la rifondazione della città ottocentesca, e guardi quindi esplicitamente ai risultati conseguiti con la costruzione dei primi grattacieli americani, collocandosi più in generale all'interno di quello che è stato definito come *américanisme européen*[22]. Il rapporto che si va però a stabilire tra la ricerca portata avanti da Perret e quella condotta oltreoceano, che aveva acquisito enorme visibilità con l'esposizione di Chicago del 1893, si rivela dotato di una certa complessità, non riducibile a una semplice generazione dell'una dall'altra, ma piuttosto a una sostanziale critica che consente al maestro parigino di assumere alcune questioni e rifiutarne altre, definendo così rispetto a queste una posizione correlata

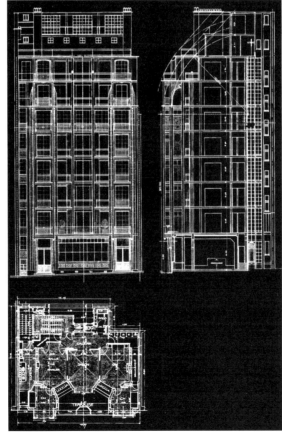

Auguste Perret. Parigi, *immeuble* al 25bis di Rue Franklin.
1.1: veduta dal 7° piano © Auguste Perret by SIAE 2017. 1.2: piante e sezioni.

ma tuttavia indipendente. Il legame tra la riflessione perretiana e quella portata avanti negli Stati Uniti sembra infatti limitarsi a questioni formali relative al tipo edilizio, già indagate dalla scuola di Chicago sul finire del secolo precedente, che per certi aspetti sembrano anticipare alcune soluzioni prospettate dallo stesso Perret negli anni successivi.

Al di là del fascino esercitato dalla ricerca condotta oltreoceano e che manifesta, nelle prefigurazioni urbane di Harvey Wiley Corbett, una parziale analogia con quelle di Hénard, è necessario tuttavia rimarcare una significativa distanza tra questi poli, in virtù della quale sembra possibile definire un punto di vista più propriamente europeo che definisce autonomamente una cifra propria, e all'interno del quale va a collocarsi la riflessione di Perret. Tanto in questa, quanto in quelle più prossime di Hénard e Garnier, ma anche in quelle maturate negli stessi anni in Europa, sembra infatti evidente che la ricerca sul tipo dell'edificio a torre non sia in alcun modo svincolata da quella sulla forma complessiva della città e che il legame tra queste sia individuato attraverso il principio della disposizione del primo nei punti cospicui ed eccezionali del tessuto urbano[23], piuttosto che nella possibilità di costruire tessuti di grattacieli, come nella città americana.

Concentrando dunque l'attenzione su quella serie di progetti che affrontano più direttamente la questione della forma urbana, prima ancora che nei disegni delle *Villes-Tours*, però, il germe di questa ricerca[24] sembra in parte essere già contenuto *in nuce* nella casa al 25bis di rue Franklin a Parigi, nella quale è possibile rintracciare la concretizzazione di alcune delle considerazioni già proposte da Hénard, sviluppate organicamente all'interno di una più ampia riflessione personale. Evidente infatti, e già ampiamente approfondita, è la critica all'isolato haussmanniano avanzata attraverso la collocazione e l'apertura della corte sul prospetto stradale. Oltre questo, però, ancora più significativa è la descrizione dello stesso Perret, che presenta la propria esperienza quotidiana all'interno dell'abitazione in una nota intervista rilasciata per *La Patrie*, dalla quale emerge innanzitutto la relazione che l'edificio stabilisce col suo intorno, in virtù della propria altezza:

> Qui ci troviamo a un'altezza di 66 metri, di conseguenza un po' più in alto della prima piattaforma della tour Eiffel. Di giorno si possono scorgere le tribune e il traguardo di Longchamp; certe volte mi diverto a seguire le corse da questa terrazza. Da qui si intravedono anche Saint-Cloud, il Mont Valérien, l'acquedotto di Marly e il castello di Saint-Germain. Dall'altra parte, si distinguono anche le cave di Saint-Denis, ma non la finirei più![24]

Come ha rimarcato Gargiani «le implicazioni concettuali e ideali dell'edificio della rue Franklin trascendono dunque i limiti dell'opera costruita; l'edificio diviene simbolo di una utopia urbana che percorre la cultura francese *fin de siècle*»[25]. Al di là infatti della molteplicità e complessità delle questioni poste dall'edificio, preme sottolineare come questo frammento sembri costituire il pretesto per la formulazione di un'idea di Parigi «circondata da una cintura di enormi abitazioni»[26], che rivela non pochi legami con la cintura di grandi torri preconizzata da Hénard. Viene in questo modo chiaramente «individuata tra l'edificio in rue Franklin, il grattacielo e l'espansione urbana di Parigi, una relazione consequenziale destinata ad essere ripresa più volte da Auguste Perret e rielaborata fino ad approdare, all'inizio degli anni venti, a una organica formulazione dell'idea di città del futuro»[27].

Idea di città, questa, che sembra esplicitarsi nella serie di quei disegni per le *Villes-Tours*, eseguiti, su

Auguste Perret. Disegni per *Villes-Tours* © Auguste Perret by SIAE 2017.
1.3 - 1.6: vedute urbane eseguite da Charles Imbert.

Auguste Perret. Disegni per *Villes-Tours* © Auguste Perret by SIAE 2017.
1.7: veduta di un fronte mare. 1.8: veduta di una città portuale.

indicazione dello stesso Perret, dalla mano di Charles Imbert. Questi, pur nella rappresentazione di torri accostate a navi e imbarcazioni, nonché nel loro aspetto formale, che rivela un legame con quell'«iconografia americanista»[28] diffusasi in Europa dopo il 1893, descrivono però un'idea di città che si va delineando in 'antagonismo' con quella americana, di cui New York, «frutto del caso»[29], ne costituisce il paradigma con i suoi grattacieli «del tutto illogici»[30] a causa della loro ripetizione incontrollata.

A più riprese, infatti, Perret, come già Garnier con la sua *Cité Industrielle*, rappresenta e descrive una città, o meglio una serie di città di nuova fondazione che eleggono il sito più appropriato alla loro edificazione come in un rito fondativo di memoria classica. Queste si definiscono in sistemi a pianta centrale al centro di un grande parco, «in una pianura vergine e fertile»[31], a circoscrivere un grande bacino portuale, oppure in successioni lineari, lungo un grande fiume, o a costruire un fronte mare. Esse traggono quei principii che le conformano dal riconoscimento del valore formale degli elementi della geografia fisica, con i quali vanno a stabilire una mutua relazione di assunzione e conferimento di significato. Esemplificativa è infatti la descrizione che lo stesso Perret fa di una città fluviale, il cui corso d'acqua «non scorre più disagevolmente tra i due argini dai quali affiora, e che allaga ad ogni piena, ma regna tra due rive monumentali, ampiamente digradanti, che lo valorizzano dominandolo»[32].

Atto fondativo di queste città è la costruzione di un suolo artificiale, che rivela legami con quelle soluzioni già preconizzate nel secolo precedente da Coignet e indagate in seguito da Hénard. Scrive infatti il maestro parigino:

> La mia città si impianta su una piattaforma, costruita per prima cosa fra i dieci e i venti metri sopra il terreno, la quale accoglie i servizi attualmente ammassati nel sottosuolo; forza e calore grazie all'elettricità […]; e anche le escrezioni della vita andranno a finire in questo basamento. Vi si trovano il capolinea delle reti metropolitane ultrarapide, che corrispondono alle necessità di una periferia che ha un raggio di cento chilometri, e l'intersezione delle strade ferrate che servono la città; lo stesso porto, se siamo sulla costa marina, è scavato sotto questo piano fino al centro della città[33].

Al di sopra di questo basamento, la città, «un'immensa piazza piantata di torri»[34] cruciformi, che costituiscono «una estensione del principio del *redan* già anticipato nell'edificio della rue Franklin»[35], e rivelano una sostanziale rapporto di derivazione da certe soluzioni formali definite nell'ambito della Scuola di Chicago[36]. Lo stesso Perret descrive dunque in questo modo la nuova città:

> Viali larghi duecentocinquanta metri e, da una parte e dall'altra, case che toccano le nuvole, torri se preferisce, blocchi distanziati comunicanti fra loro con passerelle […]. Giardini pensili vengono piantati a diversi piani, sulle passerelle e sui tetti […]. La vita in questi edifici è sana e riposante; vi si godono i benefici della campagna e anche maggiori[37].

L'idea che prende forma in questi progetti si costituisce dunque come una sintesi organica di quei molteplici contributi prima esposti, «che nei primi anni venti Perret inizia a ricomporre in un quadro d'insieme»[38]. La città di Perret infatti elegge lo spazio naturale come contesto della propria edificazione, analogamente a quella di Garnier, della quale però ne rifiuta la bassa densità,

Auguste Perret. Parigi, progetto per un viale di *Maisons-Tours* © Auguste Perret by SIAE 2017.
1.9: veduta della *Voie Triomphale*.

e individua il proprio morfema costitutivo nell'edificio a torre, come nella città americana, per il quale viene però individuato un differente principio che ne ordina la disposizione, rivelatore piuttosto di un più stretto legame con le proposte già formulate da Hénard.

Nell'intervista *Les cathédrales de la cité moderne*[39], pubblicata nel 1922, Perret ripropone quest'idea di città, approfondita a partire dalle prime considerazioni del 1905, in relazione al caso specifico di Parigi. Viene infatti riformulata l'idea di una cintura di cento *Maisons-Tours* attorno alla città, lungo i 25 km di percorso delle antiche fortificazioni, dalla quale si sarebbero dipartite una serie di radiali. Una di queste, la *Voie Triomphale*, avrebbe prolungato l'Avenue degli Champs Elysées, collegando il centro della città con la foresta di Saint Germain, attraverso il Bois de Boulogne, «senza discontinuità di verde, con una prospettiva architettonica senza pari»[40]. Questa sarebbe stata punteggiata su entrambi i lati da edifici alti 250 metri, distanti tra loro di una misura pari alla loro altezza e legati reciprocamente da passerelle aeree. Contemporaneamente a quest'intervento sul margine della capitale, lo stesso centro[41] sarebbe stato interessato, come specificato nell'intervista *À la recherche du "homme scientifique"*[42], dalla demolizione dei vecchi isolati attorno al Louvre «uno dei quali aveva visto l'assassinio di Enrico IV, un altro l'attentato di Damiens, un altro ancora le barricate del 1830»[43], per lasciare il posto a grattacieli cruciformi all'interno di lotti di 300 metri per lato, ad esibire tutto il portato e la novità di quest'idea di città rispetto a quella della storia[44].

I.2. Il 'paesaggio interiore dell'architettura': dai progetti per Parigi alla Place Alphonse-Fiquet ad Amiens

Diversi, ma in un certo senso coerenti con le loro immediate premesse, i progetti sviluppati da Perret nel corso degli anni '30 costituiscono un momento significativo all'interno della riflessione che ha come poli le *Villes-Tours* da un lato e Le Havre dall'altro.

Quello che accomuna queste ultime esperienze, e che in prima istanza le differenzia rispetto a quelle condotte negli anni precedenti, è la loro invariabile collocazione all'interno della città compatta, con la quale, questa volta, se ne ricerca una più sostanziale continuità. Come ha sottolineato Gargiani, in questa fase della ricerca di Perret sulla forma urbana, «le utopiche strutture turrite che improntano le sue iniziali descrizioni della città ideale del calcestruzzo armato, si risolvono progressivamente in una dimensione che privilegia il confronto con i valori formali della città francese barocca e neoclassica»[45].

Punto nodale di queste esperienze è la riflessione condotta sul rapporto con l'eredità della storia, nella quale in senso progressivo si riconosce lo strumento possibile per operare le trasformazioni necessarie rispetto alle nuove condizioni imposte dalla crescita urbana. È questo atteggiamento a orientare la riflessione del maestro parigino alla ricerca dei possibili modi con cui esplicare la relazione con l'esperienza storica, e il punto di vista che questi progetti assumono a questo riguardo può essere riconosciuto nelle parole dello stesso Perret:

> Dobbiamo costruire come avrebbero fatto i nostri grandi antenati se fossero stati al nostro posto. Questa è la vera Tradizione.[46]

Parole, queste, che nel ricorso a un'idea di 'Tradizione', definiscono l'obiettivo di queste riflessioni non tanto in una nostalgica assunzione delle forme consegnate dai propri 'grandi antenati', quanto nella definizione di un principio di continuità attraverso il riconoscimento della loro essenza.

La città, o meglio, l'idea di città definita in questi molteplici progetti si definisce dunque a partire dalla memoria che questa ha di sé stessa, individuando e riaffermando il senso di alcune delle sue forme, forme elette, è necessario sottolineare, attraverso il riconoscimento della generalità e della validità dei loro principii. Come ha descritto Jacques Lucan, questa tendenza, lungi dall'essere anacronistica o sintomo di una decadenza accademica «costruisce qualcosa come una città analoga, vale a dire una città dotata di spazi che aspirano ad essere già familiari e comunemente intellegibili»[47].

Il riferimento esplicito alla tradizione della città francese, in particolare quella barocca e neoclassica, si inserisce così in una ricerca già avviata, e nello specifico si potrebbe sostenere che in questi progetti sia riconoscibile la volontà di strutturare un'idea di forma capace di definire allo stesso momento due sistemi di relazioni differenti e possibili.

Da un lato infatti, tutte queste esperienze continuano a ricorrere invariabilmente all'edificio a torre, chiaramente rappresentativo della volontà della città contemporanea di definirsi in una dimensione confrontabile e in un rapporto significativo col territorio nel quale questa si inserisce.

Dall'altro, quello che varia rispetto alla prima parte della ricerca perretiana, e che da questo momento stabilirà una distanza con le coeve ricerche sviluppate all'interno del Movimento Moderno, è la riflessione sullo spazio costruito al piede dell'edificio alto, che non è più tanto quello esterno della natura, quanto quello interno della città. Di una città, nello specifico, che aveva costruito e che continua a perseguire la costruzione di spazi misurati e circoscritti, il cui carattere di internità sembra essere ricercato attraverso una rilettura delle forme storiche, declinate attraverso principii che in un certo senso le aprono a nuove possibilità.

È lo stesso Perret, qualche tempo dopo i primi anni '30, data a cui si può far risalire l'avvio di questa ricerca, a descrivere e definire l'architettura come «arte di creare dei luoghi chiusi»[48], affermando:

> si gira attorno a una scultura ma si penetra in un edificio, ed è là che si disvelano dei luoghi magici che sono tutti interi opera dello spirito. Saper creare dei luoghi interni. La più bella espressione umana è creare una seconda natura[49].

In questa tendenza, è utile sottolineare, la ricerca di Perret non è isolata. È significativo constatare come negli stessi anni si vadano concretizzando esperienze analoghe che consentono di definire un orizzonte al cui interno rientrano ricerche differenti che comunque, per certi versi, guardano dal medesimo punto di vista tanto alle istanze contemporanee della costruzione della città quanto a quei valori della città storica riconosciuti ancora come necessari, come depositari di un irrinunciabile senso civico dell'abitare.

Esemplificativa, ad esempio, è l'esperienza portata avanti da Marcel Lods ed Eugène Beaudouin a Drancy, nei pressi di Parigi, dove nel 1933 si apre il cantiere per la costruzione del complesso de La Muette. Sembra evidente, in questo progetto, la volontà di definire un'idea di città capace di contemplare allo stesso tempo spazi circoscritti ma non chiusi, dalle dimensioni contratte, come le corti e le strade al piede delle torri, evocativi degli spazi della città storica, o enormemente dilatati, come la corte aperta del *Fer de Cheval*, e di relazionarli, attraverso il ricorso ad edifici alti, al paesaggio urbano della capitale e alla campagna immediatamente circostante.

Ancora, nei pressi di Lione, a Villeurbanne, si compie nel 1934 la realizzazione del centro urbano, ad opera

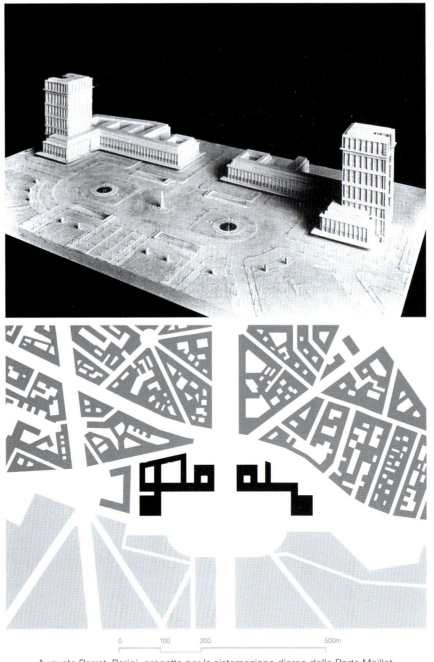

Auguste Perret. Parigi, progetto per la sistemazione d'area della Porte Maillot.
1.10: fotografia del modello © Auguste Perret by SIAE 2017. 1.11: planimetria.

di Môrice Leroux. Una strada che conduce assialmente all'Hôtel de Ville e la piazza che viene costruita attorno ad esso sono inquadrati da una successione di torri gradonate, rivelatrici di non pochi legami con la ricerca condotta da Henri Sauvage a Parigi[50], e poste al di sopra di una parte basamentale che individua con continuità gli spazi della strada e della piazza. Al di sopra di questa, lo sviluppo planimetrico degli edifici alti, e il loro rapporto con un 'fondale', che le lega reciprocamente, definisce una successione di corti aperte su strada, non dissimili da quelle preconizzate da Hénard nella definizione di una delle tipologie di *boulevard à redans*.

Ad aprire questa stagione della ricerca di Perret è il progetto, redatto nel 1930, del concorso per la Porte Maillot[51], porta della città lungo l'asse monumentale che attraverso l'Étoile e gli Champs Élysées conduce al Louvre. Tutte le fasi di studio sembrano orientate a definire il significato del luogo in rapporto alla città, da esprimere attraverso le corrette relazioni sintattiche tra gli edifici a torre, che ne marcano il valore urbano, ed edifici in linea, che si articolano a circoscrivere lo spazio della piazza. Varia nelle differenti proposte, il numero, la collocazione e la forma delle torri, nonché l'articolazione degli edifici in linea.

Il progetto finale chiarisce gli esiti della ricerca: la piazza si configura 'aperta', definita cioè, come la Place de La Concorde di Ange-Jacques Gabriel, mediante la costruzione di uno solo dei suoi margini. Il numero delle torri, due, stabilisce con chiarezza il tema, quello della porta urbana; queste si collocano ai due estremi della piazza, poste a misurarne l'eccezionale ampiezza. Degli edifici bassi, che si articolano a definire il fondale di questo spazio, rivelano la chiara volontà di stabilire una continuità con quegli isolati urbani che costruiscono la città compatta immediatamente retrostante. Edifici alti e bassi sono legati tra loro in una relazione che, pur mediante una scomposizione analitica che consente di riconoscerli come elementi distinti, vede l'isolato urbano definirsi come il basamento dell'edificio a torre, a collocare spazi dal carattere definito e controllato all'interno di un sistema di relazioni a scala urbana e territoriale.

Analoghe al progetto per la Porte Maillot sono le prime soluzioni per il Palais de Chaillot, risalenti al 1933, che si articolava, prima ancora che in quel portico monumentale della versione definitiva, in un sistema costituito da due torri inquadranti la Tour Eiffel e relazionate tra loro da una parte basamentale che concludeva la prospettiva dello Champ de Mars oltre la Senna e lo raccordava alla quota sopraelevata della collina di Passy.

È quindi a partire da questa serie di riflessioni, più che dalle urgenze dettate dalla contingenza specifica, che si sviluppa l'esperienza di Perret[52] nel contesto delle due Ricostruzioni in Francia[53]. All'interno della *Première Reconstruction*, avviata dalla fine del 1940 in seno al governo di Vichy, si colloca infatti la ricostruzione di Place Alphonse-Fiquet ad Amiens, che in un certo senso costituisce un immediato precedente del progetto per Le Havre, e della quale è chiara tutta la distanza che la separa da quelle esperienze coeve che nella ricostruzione delle città della Val-de-Loire trovarono il proprio laboratorio privilegiato[54].

Pur nella complessità delle questioni poste dallo scenario delle città bombardate e a partire dall'innegabile necessità di individuare le modalità per ristabilire un legame con la propria storia, l'opera di Perret, più che all'interno di una «concezione dell'urbanistica intesa come *embellissement*, attuata ricostruendo e trasformando la città secondo l'immagine di quella antica»[55], sembra definirsi in continuità e coerenza con quelle premesse della ricerca già chiare negli anni antecedenti il conflitto mondiale. A fronte infatti di piani di ricostruzione che si limitavano a definire «allineamenti regolari per rettificare strade e viali, omogeneizzando

Auguste Perret. Parigi, Progetto preliminare per il Palais de Chaillot.
1.12: prospettiva dal corso della Senna © Auguste Perret by SIAE 2017. 1.13: planimetria.

la misura degli isolati e disegnando delle *ordonnances architecturales* per gli spazi pubblici più importanti»[56], egli dichiarava:

> Perché, come in Guyenne ai tempi della guerra dei Cent'anni, come un po' ovunque all'epoca della grande diffusione delle "Villeneuves", non costruiamo degli agglomerati rettangolari come dei campi, formati da gruppi di cui il nostro Palais Royal, a Parigi, è il modello. Quando il raccordo con ciò che sussiste del passato o ogni altro motivo ragionevole non lo esige, costruiamo coraggiosamente queste città moderne più o meno lontano dai centri sinistrati. Facciamo del nuovo piuttosto che perdere il nostro tempo a riparare ciò che spesso non può esserlo.[57]

Al di là della portata di questa affermazione, quel che è evidente, anche dall'osservazione dell'esperienza concreta di Amiens, è la volontà di ripensare coerentemente rispetto al proprio tempo, piuttosto che «ricostituire o ancora rimodellare»[58], la forma dei territori e delle città. Indipendentemente dalle necessità che nel 1941 avevano determinato la promulgazione della *Charte de l'architecte reconstructeur*, che precisava «le direttrici culturali della ricostruzione, nelle quali soprattutto è evidente l'attenzione alle tradizioni stilistiche regionali»[59], la risposta fornita da Perret mostra la sua validità all'interno di una più generale realtà originata dalla crescita delle città e dalla necessità di «creare del passato»[60], non tanto tramite un'esteriore imitazione stilistica, quanto mediante un procedimento analogico che vede una reinterpretazione delle ragioni più profonde della tradizione delle città francesi.

Il progetto per Amiens vede infatti la ricostruzione della piazza della stazione ferroviaria con lo scalo dei treni immediatamente adiacente. Questo programma sembra costituire l'occasione per riprendere, nell'articolazione del progetto in una quota ipogea, corrispondente alle linee ferroviarie, e una all''aria libera', corrispondente al piano della piazza, quella costruzione di un suolo artificiale già preconizzata nelle *Villes-Tours*. Lo spazio della piazza, circoscritto da una serie di isolati e dall'edificio della stazione, è qualificato dall'edificio a torre, posto a segnare l'accesso alla città storica, e a proposito del quale il suo stesso autore aveva affermato:

> Ho realizzato una torre di 24 piani ad Amiens perché queste città del nord sono 'città a *beffroi*'. Dato che non serve a portare un orologio e delle campane, il mio *beffroi* sarà abitato, ecco tutto. 20 piani di abitazioni, 4 di servizi pubblici, 104 metri di altezza. È un *beffroi*, ecco tutto[61].

La ricostruzione di Place Alphonse Fiquet, come anche quella immediatamente successiva di Le Havre, non si risolve dunque nella riproposizione di un'immagine particolare della città della Piccardia, quanto nell'invenzione, intesa etimologicamente come ritrovamento, di forme che manifestano un legame e un'appartenenza a un più ampio mondo culturale, che è quello delle città francesi del nord. È dunque questa la ragione che spiega la scelta fondativa, nel progetto per la piazza, di collocare un *beffroi* là dove non era mai stato, come se ci fosse sempre stato, e di ripensare coerentemente e storicamente la forma urbana all'interno della relazione tra la torre civica e la cattedrale gotica.

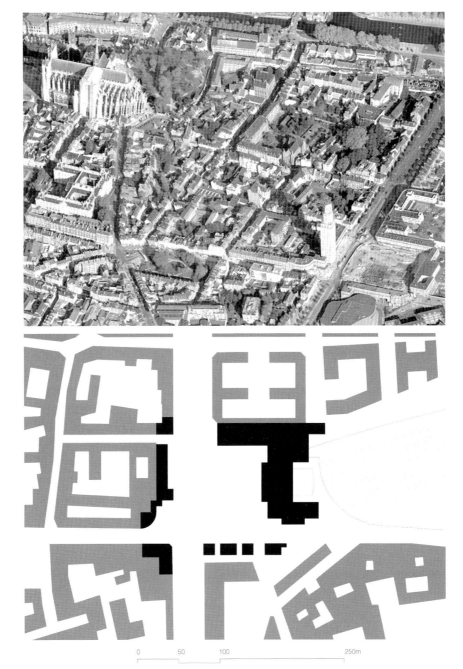

Auguste Perret. Amiens, progetto per place Alphonse-Fiquet.
1.14: veduta aerea. 1.15: planimetria.

[1] Gregotti 1957, p. 51.
[2] Ibidem.
[3] Perret 1945c (ora in Abram, et al. 2006, p. 428).
[4] Perret 1952 (ora in Abram, et al. 2006, p. 455).
[5] Si pensi, ad esempio, alle proposte maturate nel Regno Unito a partire dalla teorizzazione della città giardino di E. Howard; a quelle sviluppatesi in Germania e Austria, con i contributi di R. Baumeister, J. Stübben e C. Sitte; alla riflessione di A. Soria y Mata in Spagna.
[6] Sica 1978, p. 48.
[7] Tafuri, Dal Co 1976, p. 336; Fanelli, Gargiani 1991, p. 74; Gargiani 1993, p. 222; Cohen, et al. 2002, p. 216.
[8] Hénard 1910 (ora in Calabi, Folin 1972, p.183).
[9] Ivi, pp. 191,192.
[10] Si rimanda, per queste, ai contributi presenti in Cohen, Jean Louis e Roz, Michel (a cura di), "Tony Garnier, da Roma a Lione", *Rassegna*, 17, marzo 1984.
[11] Garnier 1917, p. 43.
[12] Ivi, p. 44.
[13] Ivi, p. 47.
[14] Pur se secondo modalità e grammatiche differenti rispetto a quelle di Perret, lo stesso Garnier fa esplicito riferimento all'uso del conglomerato cementizio e del cemento armato per la realizzazione degli edifici della *Cité industrielle*.
[15] Durante il proprio apprendistato presso lo studio di Perret, Le Corbusier aveva registrato una dichiarazione del maestro parigino, il quale aveva affermato che «Il calcestruzzo armato consentirà di costruire intere città, o di trasformarle secondo principi adattati alle necessità della vita moderna». (cit. in Gargiani 1993, p. 218).
[16] Gargiani 1993, pp.218-219.
[17] Lo stesso Le Corbusier, in una lettera dell'ottobre 1916 inviata a William Ritter, scrive: «Parigi piccolissima città, e se la si guarda dalla terrazza di Auguste Perret, dall'alto di Passy, è lo splendore dell'eterna città…Ho trascorso la giornata da Auguste Perret. Pensi che sulla sua torre, con quel giardino sospeso a nove piani sopra la strada, è un romanzo di Verne realizzato» (cit. in Gargiani 1993, p. 223).
[18] L'autore inglese è citato dallo stesso Hénard (Calabi, Folin 1972, p.190).
[19] Gargiani afferma che Perret possedeva una copia del libro all'interno della sua biblioteca (Gargiani 1993, pp. 219, 232).
[20] Coignet 1861, p. 8.
[21] Gargiani 1993, p. 219.
[22] Cohen, et al. 2002, p.217.
[23] Chiare a questo proposito sono le considerazioni sviluppate negli stessi anni da Hilberseimer, il quale affermava che «Come tutti gli altri edifici anche il grattacielo è semplicemente una cellula, una componente dell'organismo urbano, e ci deve essere quindi un piano perché questo legame non sia reciso», e che quindi «Il grattacielo europeo ha una funzione urbanistica totalmente diversa da quello americano. [...] Per acquistarla dovrebbe essere edificato in posizione isolata, dominare strade o piazze, rappresentare per il sistema stradale un elemento di ordine e di regolarità. Queste esigenze possono essere soddisfatte in larga misura dal grattacielo europeo: esso va quindi edificato in punti strategici, laddove possa sintetizzare, accentuandola, la dinamica di una strada o di una piazza, dare al movimento una direzione e una meta» (Hilberseimer 1927, pp. 63-68).
[24] Perret 1905 (ora in Abram, et al. 2006, p. 103).
[25] Gargiani 1993, p 222.
[26] Perret 1905 (ora in Abram, et al. 2006, p. 103).
[27] Gargiani 1993, p 219.
[28] Cohen, et al. 2002, p. 217.
[29] Ibidem.
[30] Ivi, p. 218.
[31] Perret 1920 (ora in Abram, et al. 2006, p. 103).
[32] Ibidem.
[33] Ibidem.
[34] Perret 1922 (ora in Abram, et al. 2006, p. 111).
[35] Gargiani 1993, p. 227.
[36] Si vedano ad esempio, come riporta Gargiani, il grattacielo del Chicago Post Office di Henry Cobb, pubblicato ne *La Construction Moderne*, II, 1897, pp. 415-416; il Fraternity Temple di Louis Henry Sullivan e Denkmar Adler, la cui opera era stata pubblicata ne *L'architecture*, XXIV, 1911, n. 46, pp. 377-381; il progetto per il City Investing a New York, di Francis Kimbal, pubblicato in *L'Architecte*, III, 1908, n. 4, tav. XXVIII (Gargiani 1993, p. 235).
[37] Perret 1920 (ora in Abram, et al. 2006, p. 102).
[38] Gargiani 1993, p. 226.
[39] Perret 1922 (ora in Abram, et al. 2006, p. 111).
[40] Ibidem.
[41] Significativa è la banditura, nel 1921, del concorso per il grattacielo in Friederichstrasse a Berlino, sintomatica di una comune ed estesa riflessione volta ad indagare le possibilità e le modalità insediative del grattacielo all'interno della città compatta europea.
[42] Perret, Auguste, "À la recherche du homme scientifique", in *La Science et la Vie*, XXVIII, 1925, n. 2, p. 555 (cit. in Gargiani 1993, p. 236).
[43] Perret 1922 (ora in Abram, et al. 2006, p. 111).
[44] Significativo è il fatto che l'intervento proposto da Perret per

il centro della capitale coincidesse con la stessa area interessata dal *Plan Voisin*, presentato nel 1925 da Le Corbusier. Al di là della apparente convergenza di idee nella volontà di collocare dei grattacieli cruciformi all'interno di lotti occupati da giardini, vi è un elemento dirimente, già acutamente riportato da Moisei Ginzburg in una lettera allo stesso Le Corbusier, che definisce tutta la distanza tra le due ricerche, e che può essere riconosciuto nelle mutue relazioni stabilite tra gli edifici alti e nello spazio definito al loro piede. Le proposte di Perret continuano a fondarsi sulla stretta dipendenza tra casa e strada, i due elementi costitutivi e primordiali della città, e pur rinnegando la compattezza della cortina edilizia nella sua forma storica, pur trasformandone il senso, il maestro parigino non recide il loro legame reciproco, secondo il quale lo spazio aperto, in questo caso quello della strada, si pone come il principio ordinatore dell'edificato, costituito dalla successione di torri. Radicalmente differenti sono invece le proposte di Le Corbusier, le cui torri si dispongono cartesianamente secondo un ordine chiaramente isotropo e indipendente rispetto allo spazio naturale al loro piede, al cui interno la strada permane esclusivamente come un tracciato.

[45] Gargiani 1993, p. 218.
[46] Perret 1945c (ora in Abram, *et al.* 2006, p. 429).
[47] Lucan 2003, p. 42.
[48] Perret 1945a (ora in Abram, *et al.* 2006, p. 421).
[49] *Ibidem*.
[50] Si vedano, ad esempio, gli *immeubles* di Rue Vavin di Rue des Amiraux a Parigi, realizzati tra il 1912 e il 1930, nonché i progetti per l'*immeuble* Metropolis, del 1928, o quello elaborato per la sistemazione d'area della Porte Maillot, del 1930.
[51] Il concorso d'idee ad inviti per la sistemazione d'area della Porte Maillot fu bandito nel 1930 dai fratelli Léonard e Pierre Rosenthal, e vide la partecipazione di dodici architetti, tra cui Le Corbusier e Pierre Jeanneret, Henri Sauvage e Robert Mallet-Stevens, oltre ai fratelli Perret.
[52] Il maestro parigino occupò anche un ruolo istituzionale all'interno della Ricostruzione, sia come membro del *Comité national de la reconstruction*, organismo istituito alla fine del 1940 con lo scopo di esaminare ed eventualmente approvare i progetti dei piani di ricostruzione per le città colpite dagli eventi bellici, nonché come presidente dell'*Ordre des architectes*.
[53] Per un'attenta ricostruzione storica delle vicende relative alla Première e Seconde Reconstruction si rimanda a Kopp, *et al.* 1982, Baudouï 1993, Lucan 2001.
[54] Si vedano, ad esempio, i piani di ricostruzione di Orléans, Gien, Sully-sur-Loire e Châteauneuf-sur-Loire.
[55] Lucan 2001, p. 22.
[56] *Ivi*, p. 19.
[57] Perret 1941a (ora in Abram, *et al.* 2006, p. 408).
[58] Lucan 2001, p. 22.
[59] Gargiani 1993, p. 248.
[60] Perret 1945b (ora in Abram, *et al.* 2006, p. 426).
[61] Perret 1948a (ora in Abram, *et al.* 2006, p. 441).

II. LA 'CATTURA DELL'INFINITO' O LA FORMA DELLA CITTÀ

La ricostruzione di Le Havre è già stata parzialmente indagata e presentata secondo letture e giudizi dagli esiti differenti, tanto negli anni a cavallo tra il concepimento del progetto e la sua realizzazione, dalla fine della Seconda Guerra Mondiale alla metà degli anni '60[1], quanto, ad eccezione di qualche contributo isolato, negli anni immediatamente precedenti all'iscrizione del centro urbano nella Lista del Patrimonio Mondiale dell'Umanità dell'UNESCO, avvenuta nel 2004[2]. Risulterebbe inappropriato ricostruire in questa sede la fortuna critica del progetto perretiano, nonostante questa costituisca testimonianza di un dibattito a volte anche appassionato e sicuramente prezioso per isolare e analizzare quei nuclei tematici capaci di orientarci nei percorsi non sempre facili che questo progetto ci propone.

All'interno del vasto ed eterogeneo *corpus* dei contributi finora succedutisi, alcune di queste riflessioni acquisiscono però una particolare pregnanza in rapporto alle ipotesi da cui muove e agli obiettivi cui vuole tendere questo studio, e su queste sembra opportuno soffermarci. Tra tutte, fondative per la lettura che viene qui proposta sono quelle avanzate già intorno alla metà degli anni '50 da Vittorio Gregotti, Gianugo Polesello, Aldo Rossi e Francesco Tentori, che da giovani redattori di *Casabella-Continuità* avevano presentato la città ricostruita da Perret attraverso una chiave interpretativa che aveva colto il rapporto intimo tra le sue architetture e il luogo per il quale queste erano state pensate, rapporto definito dal loro radicamento nello «spirito stesso della città»[3], della quale ne sapevano interpretare il «carattere specifico»[4].

La loro lettura, nuova e in un certo senso oppositiva rispetto allo scenario interpretativo che si stava consolidando[5], mostra una certa consapevolezza dell'impalcato teorico costruito dagli studi dei geografi francesi, e forse anzi attraverso questi trova una appropriata chiave interpretativa dell'opera del maestro parigino.

Le ricerche condotte nell'ambito della geografia urbana, a partire da quelle di Vidal de La Blache alla fine del XIX° sec., per arrivare a quelle di Marcel Poëte, Pierre Lavedan e Georges Chabot condotte negli anni a cavallo tra le due guerre o in quelli immediatamente successivi alla seconda, costituiscono infatti l'espressione più eloquente di un punto di vista il cui sguardo sulla città sembra capace di collocarsi al contempo all'interno di una prospettiva tanto storica quanto geografica. Sono chiare, ad esempio, le parole di Poëte che descrivono la città come un essere vivente[6] che non semplicemente cresce sopra il suolo, ma la cui situazione geografica, che deve essere «chiaramente individuata e rimanere sempre presente allo spirito»[7], è capace di determinare il suo stesso carattere. O ancora, quelle di Lavedan che propongono lo studio della città all'interno di questa relazione dicotomica, per la quale è significativo sottolineare che non solo l'origine e il suo carattere, ma la sua stessa forma viene interpretata anche alla luce di considerazioni sulla morfologia del sostrato orografico.

Pur senza supporre l'esistenza di un legame genealogico, sembra comunque possibile sostenere la non estraneità, rispetto al pensiero di Perret, di queste riflessioni che stabiliscono una relazione di corrispondenza tra 'situazione geografica', 'forma' e 'carattere'. È infatti egli stesso a esplicitare questo rapporto in riferimento al caso specifico della capitale francese, tanto attraverso la propria opera costruita, quanto per mezzo di descrizioni laconiche ma tuttavia ricorrenti in cui viene dichiarato il valore di «quel suolo che fa la bellezza di Parigi»[8]. A questo proposito egli aveva affermato, con toni che lo connotano come il principio fondativo di una teoria della costruzione della città, più che come una semplice descrizione:

> La nostra capitale occupa un sito mirabile, così bello, forse più bello di quello di Roma, che dovrebbe essere questo a guidare l'architettura e l'urbanistica. L'avenue degli Champs-Élysées è bella perché lì sono stati seguiti i suggerimenti della natura. [...] Recentemente ho fatto il giro completo della città in auto sui *boulevards* che ricalcano le antiche fortificazioni: che occasione persa! Nonostante ci siano colline e avvallamenti, delle significative differenze di quota, delle viste mirabili, è stato tutto trattato nella medesima maniera. Si sarebbero dovuti costruire edifici monumentali sulle sommità: chiese, sale di riunione, municipi; negli avvallamenti collocare delle grandi piazze, conservare qua e là dei punti di vista, conservare dei vasti spazi. Niente di simile è stato tentato[9].

E aveva ulteriormente ribadito, nell'*Enquête sur la Reconstruction auprés des architectes* la necessità di «comporre secondo l'articolazione del suolo: in ogni concavità una piazza, su ciascun rilievo un edificio»[10].

Anche un suo allievo, André Le Donné, ne *L'architecte dans la cité* descrive alcune forme della geografia, i monti, le colline, le pianure, con attributi che ne tratteggiano il carattere e ne spiegano il rapporto con la città:

> Egli [l'architetto, n.d.T.] vede la città nel suo insieme, le articolazioni e le giunture del suo piano, come anche i suoi difetti, e le sue incertezze. Egli percepisce le montagne che la soffocano o che la proteggono con l'ostacolo della loro muraglia, le colline che la circondano con le loro dolci ondulazioni, o le pianure nelle quali questa si estenderà come attratta dal loro richiamo[11].

Contrariamente a queste premesse, le riflessioni critiche sviluppatesi attorno alla più generale ricerca operata da Perret sulla forma della città non hanno mai attribuito a questa relazione un ruolo centrale nella fondazione delle sue architetture. Va comunque riconosciuto che la quasi totalità dei progetti sviluppati dall'architetto parigino si è sempre inserita all'interno di contesti fortemente urbanizzati, dove i rapporti stabiliti con la città e le sue architetture hanno forse assunto preminenza rispetto a quelli definiti con la forma del suolo.

Tuttavia, una significativa eccezione all'interno di questo panorama interpretativo è costituita da un passaggio specifico di un più vasto contributo offerto da Jean-Louis Cohen, che sviluppando delle considerazioni specifiche su alcuni progetti urbani parigini, ne ha descritto in maniera breve ma incisiva il loro rapporto con l'orografia dei luoghi nei quali questi si collocano[12]. È comunque innegabile, e non solo nel caso specifico di Parigi, che questa relazione abbia assunto il valore di un principio capace di determinare la scelta fondativa di quei progetti che si sono inseriti in luoghi caratterizzati da una certa complessità della forma orografica[13].

Questa chiave di lettura sembra essere adeguata per un progetto, come quello per Le Havre, che sembra non solo aver determinato i propri principii insediativi cogliendo le potenzialità formali derivanti dalla sua situazione geografica, ma anche definito le proprie architetture riconoscendo il valore semantico degli elementi della geografia fisica nella definizione dell'identità e del carattere del luogo.

Alla luce di queste considerazioni, sembra dunque possibile sostenere che nella rifondazione di Perret la forma della città non sia stata determinata da un imperativo di carattere storico finalizzato all'evocazione degli spazi della città distrutta. Il confronto tra alcune significative fasi della storia di Le Havre e il progetto del maestro parigino mostra che gli spazi che strutturano la forma di quest'ultimo ricalcano solo in parte quelli della città storica e che alcuni, come la Porte Océane, sono del tutto nuovi rispetto alla sua conformazione prebellica, ma necessari in virtù di un principio di coerenza e compiutezza del progetto urbano. È in secondo luogo evidente, ad una più approfondita lettura, che pur quando ne ricalcano la collocazione, gli spazi monumentali, le piazze e le strade della nuova città possiedono una forma e un carattere differente rispetto a quelli della città prebellica. Il progetto di Perret sembra quindi aver guardato criticamente alla storia della città, non assumendola aprioristicamente come una condizione cui tendere, ma verificando il significato profondo più che l'immagine dei suoi luoghi, trasformati coerentemente all'interno del progetto di rifondazione. Piuttosto, la ricostruzione di Le Havre sembra essersi attuata «conferendo senso estetico anche ad insiemi la cui presenza al mondo è […] precedente alla nostra azione diretta»[14] e riallacciandosi a quella specifica tradizione del Settecento francese che, come ha espresso Sigfried Giedion, finalizzò la propria ricerca alla costruzione dello 'spazio esterno', in particolare alla definizione di una relazione intelligibile tra il 'gruppo residenziale', in questo caso la città, e la natura. Ancor più che negli altri progetti urbani del maestro parigino, in quello per Le Havre sembra essere infatti riconoscibile un legame profondo con queste esperienze, tra cui quella paradigmatica della costruzione di Versailles, concepite, nel loro rapporto con il paesaggio circostante, per dare forma fisica e finita all'idea dello spazio incommensurabile, pensate cioè come manufatti per la 'cattura dell'infinito'.

II.1 La situazione geografica

Già attraverso la propria collocazione, Le Havre descrive quel punto cospicuo individuato, lungo la costa atlantica della Normandia, dall'estuario della Senna. La parte marittima del corso del fiume, misurata da Rouen alla stessa Le Havre, è caratterizzata da una sequenza di anse delimitate e concluse, come 'stanze territoriali', dai salti di quota degli altipiani dei Pays-de-Caux e del Bec-de-Caux a Nord, del Roumois e del Lieuvin a Sud, i cui margini, dapprima ravvicinati, si distanziano in corrispondenza di Tancarville, a definirne il suo estuario. Ciascuna di queste stanze sembra essere commentata da una successione di centri urbani, localizzati sul ciglio dell'altipiano o immediatamente al suo piede, e questi ultimi in particolare, attraverso la propria collocazione, descrivono la cospicuità di alcuni punti del corso del fiume, quali le anse, le bocche dei suoi affluenti e le vallate che si dispongono perpendicolarmente ad esso[15].

Ai differenti caratteri dello spazio, compresso fino a Tancarville e dilatato in corrispondenza dell'estuario, corrispondono due modalità diverse che descrivono la relazione tra il fondovalle e le forme dell'acqua. Questo è infatti costantemente ordinato, lungo la maggiorparte del suo sviluppo, dalla geometria dei campi e dei canali di irrigazione, che si dispongono a costruire delle trame

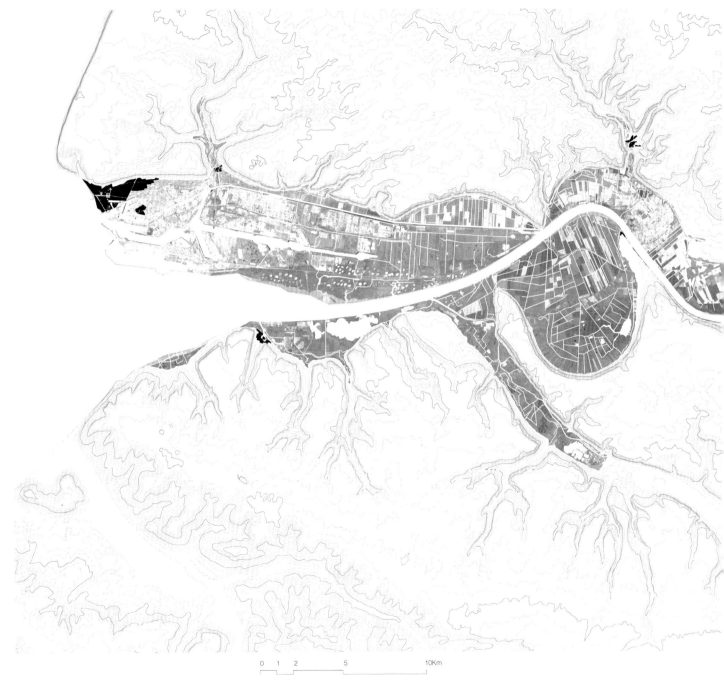

Tav_SM.01: Senna Marittima. Carta corografica della valle della Senna.

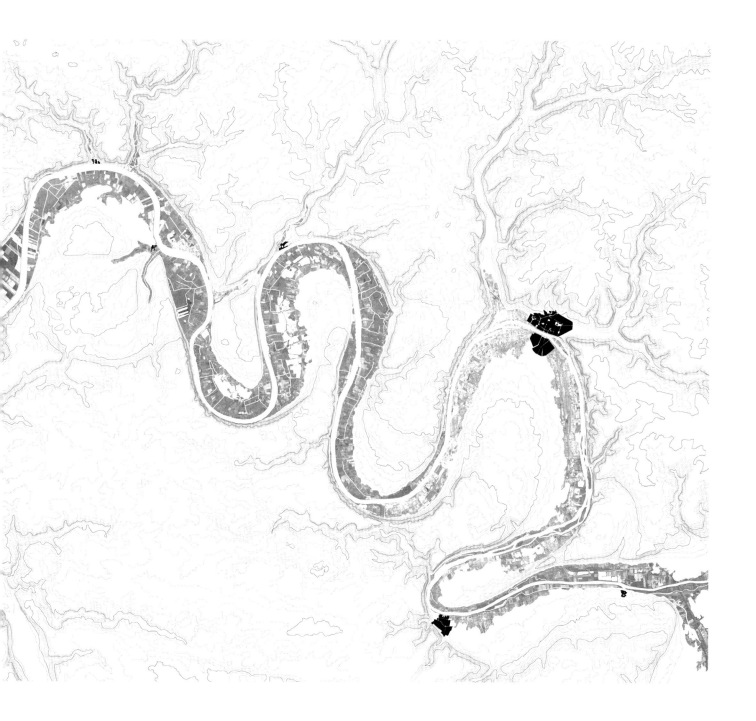

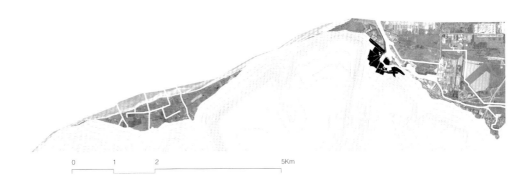

Tav_SM.02: Senna Marittima. Carta topografica dell'estuario della Senna.

orientate perpendicolarmente al corso del fiume. La parte corrispondente all'estuario, in virtù della propria prossimità all'Oceano, individua un'ulteriore relazione nelle forme di quei bacini portuali costruiti addomesticando le originarie insenature naturali che come in una laguna convogliavano le acque all'interno della pianura.

Le Havre si colloca in questo particolare ambito del corso della Senna, un luogo che per certi versi ha quindi dei caratteri propri e singolari che lo differenziano rispetto a quelli situati lungo il corso del fiume. La città sorge infatti su uno stretto pianoro di origine alluvionale, caratterizzato per la presenza dei bacini portuali al suo interno, della falesia del Bec-de-Caux, dell'estuario della Senna e dell'Oceano Atlantico sul suo margine: grandi 'fatti geografici', espressione di una natura potente e quasi primigenia, in cui si oppongono il riversarsi incessante delle acque della Senna all'alternanza dei venti e delle maree oceaniche, in cui la terra mostra la sua sezione nelle pareti di crollo della falesia e compenetrandosi con i bacini portuali contende all'acqua il suolo su cui sorge la città.

II.2 Dalla fondazione del porto alla *tabula rasa*

Prima ancora del progetto di Perret già la città storica sembrava essersi conformata riconoscendo e interpretando, attraverso le forme del proprio tempo, il senso più profondo del luogo, quello derivante cioè dalla sua situazione geografica. La ricostruzione delle fasi più significative del suo sviluppo[16], lungi dal volersi costituire con uno scopo meramente storiografico, consente piuttosto di riconoscere la presenza e la declinazione di quei principi che consentono una più chiara lettura formale del progetto per Le Havre.

Tanto la forma specifica degli elementi della geografia fisica quanto le loro reciproche relazioni, che conferiscono allo spazio un carattere chiaramente anisotropo, sembrano aver definito la struttura del territorio già precedentemente alla fondazione della città. L'altopiano del Bec-de-Caux, luogo più stabile e idoneo alla presenza di insediamenti urbani, si definiva infatti come ordinato da un sistema puntuale di modesti centri abitati, localizzati in quei punti cospicui dell'orografia in cui si rendeva possibile la definizione di mutue relazioni tra l'altopiano e il fondovalle, in gran parte acquitrinoso, e attraverso questo con l'estuario del fiume e l'Oceano. L'altopiano era quindi punteggiato da una successione di centri urbani posti lungo il suo ciglio, come nel caso di Saint Denis Chef-de-Caux e Sanvic in prossimità del Cap la Hève, o al suo piede, come nei casi di Ingouville e Graville, localizzati dove i depositi franosi conferivano una maggior stabilità al suolo e una serie di insenature fluviali traversava la pianura alluvionale fino al piede della falesia.

Il fondovalle invece, largamente instabile a causa dell'azione continua delle acque del fiume e dell'Oceano, aveva offerto condizioni idonee all'insediamento quasi esclusivamente in corrispondenza di quelle strette valli che, orientandosi perpendicolarmente alle pendici dell'altipiano e determinandone dei punti di discontinuità, penetravano il gradino calcareo della falesia. Queste valli, più o meno profonde, attraversate o meno da corsi d'acqua, avevano offerto condizioni idonee all'insediamento di piccoli centri come Gonfreville-l'Orcher, ma soprattutto di centri urbani più strutturati come Harfleur, avamporto di Rouen, collocato in corrispondenza dello sbocco del Lézarde nell'estuario della Senna.

Al piede della falesia la pianura si presentava con un carattere prevalentemente anfibio, in cui depositi alluvionali più o meno stabili si combinavano assieme a paludi e insenature alimentate dalle acque dolci della falesia e della Senna o da quelle salate dell'Oceano Atlantico, e al cui interno di collocava il solo centro

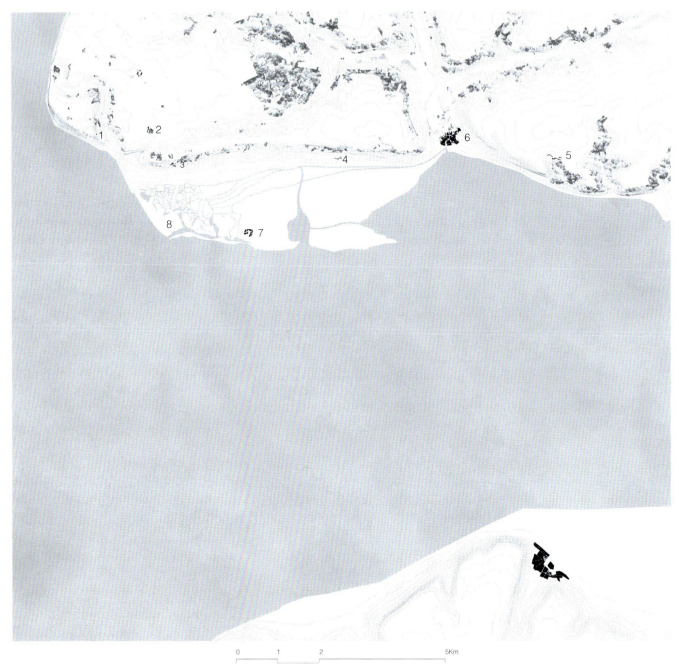

Tav_SM.03: Senna Marittima. Carta topografica dell'estuario della Senna, *ante* 1517.
1 - Saint Denis Chef-de-Caux; 2 - Sanvic; 3 - Ingouville; 4 - Graville; 5 - Gonfreville-l'Orcher; 6 - Harfleur; 7 - Leure; 8 - Lieu de Grâce

di Leure, annesso del vicino porto di Harfleur. Una serie di percorsi, a partire da Ingouville e Saint Denis Chef-de-Caux sulle pendici della falesia, e da Leure all'interno della pianura stessa, traversava le paludi per raggiungere la sua estremità occidentale, detta Lieu de Grâce, caratterizzata dalla presenza di un sistema di insenature stabili con acque profonde, alimentate dalle acque della falesia e situate a margine tra l'Oceano e l'estuario del fiume, ma sufficientemente riparate tanto dalle correnti fluviali quanto da quelle marine[17].

I ripetuti insabbiamenti dei bacini portuali di Harfleur a causa delle correnti fluviali, assieme alla necessità di garantire a Parigi un libero accesso al mare a causa dei rapporti conflittuali con la vicina Inghilterra, nonché in virtù delle potenziali relazioni col Nuovo Mondo, indussero François Ier a conferire nel 1515 a Guillaume Gouffier, signore di Bonnivet, l'incarico di «individuare, lungo la costa di Normandia e dei Pays-de-Caux, un luogo conveniente per mettere in sicurezza le navi e i bastimenti che navigano sull'Oceano»[18]. Dopo una ricerca che aveva preso in considerazione anche altri porti lungo le coste dell'Alta e della Bassa Normandia[19], la scelta del sito ricadde sul Lieu de Grâce, situato alla giunzione tra la Senna e la Manica, grazie alle quali era possibile stabilire una relazione diretta tanto con Parigi quanto con le Americhe, e riconosciuto come «il più appropriato e il più agevole della suddetta costa e dei Pays-de-Caux per realizzare un porto nel quale far arrivare comodamente i bastimenti e lasciarli in sicurezza»[20]. All'interno quindi di un contesto già in parte strutturato, la specificità e l'appropriatezza di questo punto alla destinazione portuale della città determinò le ragioni della scelta localizzativa dell'originario insediamento, riflettendo il riconoscimento di una qualità al luogo nel quale sarebbe cresciuta in seguito la città.

Il 7 febbraio 1517 su ordinanza di François Ier presero dunque avvio quei lavori condotti da Guyon Le Roy per «costruire il suddetto porto e le sue fortificazioni nel Lieu de Grâce»[21]. Il margine naturale delle rive cominciò così ad assumere le forme artificiali di quelle banchine che definivano i bacini portuali, il cui accesso dall'Oceano era individuato dalla Tour François Ier.

Solo in seguito, secondo quanto attesta un atto dell'8 ottobre 1517, sarebbe stata costruita, allo scopo di alloggiare mercanti e marinai, la Ville de Grâce, poi ribattezzata François-de-Grâce: una «fortezza e una città murata che potesse essere popolata, e al cui interno avrebbe potuto abitare gente di ogni stato»[22]. Seppur frutto di uno sviluppo spontaneo, inizialmente non pianificato e addirittura frutto di una speculazione fondiaria[23], anche nella primissima fase di edificazione della città sembra parzialmente riconoscibile un'idea di forma. La città, sviluppatasi a partire dalle banchine portuali, si estendeva dall'ingresso del porto a Ovest fino all'attuale Bassin du Roi a Est e si strutturava lungo quei percorsi che collegavano il vecchio Lieu de Grâce con Saint Denis Chef-de-Caux, Ingouville e Leure, alle congiunzioni dei quali si collocavano i principali spazi pubblici della città. I primi due percorsi, orientati dalle pendici della falesia all'estuario, convergevano sulla Tour François Ier, che con la sua piazza definiva oltre che l'accesso al porto, anche l'affaccio della città sul grande spazio aperto dell'Oceano. Dei due, il percorso per Ingouville, ricalcato dall'attuale Rue de Paris, si definiva come dorsale della nuova città, e alla sua intersezione con quello per Leure si collocavano la piazza del mercato e la piazza-sagrato della cappella e più tarda chiesa di Notre-Dame.

La prima espansione pianificata, datata al 1541 su progetto del senese Girolamo Bellarmato, vide la definizione di un fossato e di una cinta muraria che individuava chiaramente la città come un manufatto unitario le cui parti si compenetravano al suo interno, letteralmente come isole di un arcipelago, col sistema

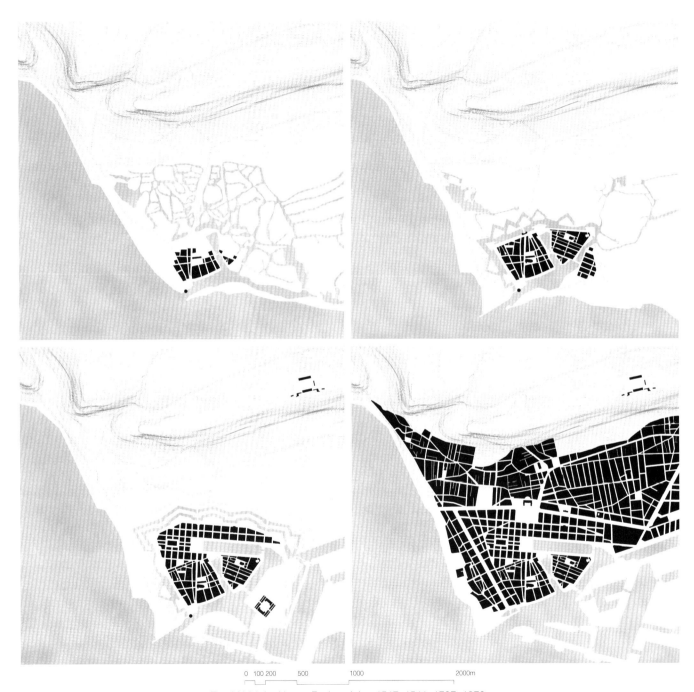

Tav_LH.01: Le Havre. Fasi storiche: 1517, 1541, 1787, 1870.

delle insenature naturali e degli attuali Bassin du Roi e de la Barre. La città era infatti composta dall'originario quartiere di Notre-Dame, il cui tessuto era stato saturato fino al margine delle nuove mura; dal nuovo quartiere di Saint-François, fondato su un'isola adiacente oltre il Bassin du Roi, e strutturato su un impianto cardo-decumanico che assumeva una giacitura indipendente dal primo e consonante rispetto alla forma dell'isola, e dal quartiere *de la Barre*, definito su una maglia a pettine, orientata perpendicolarmente alla linea di costa. Pur se centrate sulle piazze delle chiese di Notre-Dame du Havre la prima o di Saint-François la seconda, la conformazione di queste tre parti e la loro riconoscibilità come elementi autonomi e in sé formalmente conclusi, conferiva ai bacini portuali, come ha efficacemente sottolineato Claire Etienne-Steiner, il significato di vero «centro geometrico e simbolico della nuova città»[24]. Era infatti l'immensa piazza del porto a costituire col suo grande invaso, ora in secca, ora riempito dalle maree, il 'teatro della città' sul quale si disponevano, si rappresentavano e si relazionavano reciprocamente i tre quartieri di cui si componeva François-de-Grace.

Con il piano di François Laurent Lamandé, datato al 1787, la città, ribattezzata nel frattempo come Le Havre-de-Grace, definì la propria espansione nell'area pianeggiante a nord delle isole di Notre-Dame e di Saint-François. Analogamente alla precedente espansione, anche questa si attuò riconoscendo il valore formale dei bacini portuali, assunti come morfemi costitutivi della forma urbana. L'ampliamento della città si definì infatti su un tessuto ortogonale strutturato su un impianto cardo-decumanico ordinato dalla Rue de Paris, che legava il nuovo quartiere a quello di Notre-Dame, e dall'asse individuato dal Bassin du Commerce che, con l'antistante Place Royale, andava a definire una vasta piazza d'acqua che costituiva il centro monumentale della nuova città.

Successivamente alla demolizione delle fortificazioni, avvenuta a partire dal 1852, la città continuò la propria espansione fino a guadagnare le pendici della falesia a Nord e l'Oceano a Ovest. Nel primo caso la forma urbana continuò a strutturarsi ancora una volta su un impianto ortogonale, che iterava quello immediatamente adiacente dell'espansione progettata col piano Lamandé. Il limite settentrionale di questa parte di città era costituito dall'attuale Boulevard de Strasbourg che, correndo parallelamente al piede della falesia e giungendo fino all'Oceano, descriveva la variazione del suolo da una condizione pianeggiante a una acclive. La Rue de Paris strutturava invece una successione di tre grandi vuoti urbani: il porto, il Bassin du Commerce e la Place de l'Hotel de Ville che, all'incrocio col Boulevard de Strasbourg, si collocava dinanzi alle pendici della falesia. L'espansione occidentale si strutturava invece lungo la costa dell'Oceano, la cui direzione era replicata nella giacitura del Boulevard François Ier, che generava una rotazione del nuovo tessuto urbano rispetto al preesistente quartiere di Notre-Dame.

Seppur non ancora individuate le corrette relazioni sintattiche tra queste parti, riconoscibili innanzitutto nelle difficili congiunzioni di percorsi e maglie con giaciture differenti, nonché in alcune relazioni irrisolte tra le nuove parti della città, l'Oceano e il porto, sembra comunque chiara la definizione di un nuovo problema di forma. Con questa espansione la città, sviluppatasi assieme ai suoi bacini portuali a partire dall'estuario della Senna a Sud, arrivò a guadagnare le pendici dalla falesia a Nord e a lambire la costa dell'Oceano Atlantico a Ovest. La *tabula rasa* con la quale Perret si dovette confrontare all'indomani dei bombardamenti che tra il 4 e il 5 settembre del 1944 rasero al suolo il suo centro urbano rese di nuovo evidente la presenza di questi elementi, tanto quelli originari dell'orografia quanto quelli determinati dalle trasformazioni antropiche delle insenature naturali che quattrocento anni prima avevano reso possibile la nascita di un *havre*.

II.3. La ricerca dell'*Atelier de Reconstruction de la Ville du Havre*

Nel maggio del 1945 Perret ricevette da Raoul Dautry, a capo dell'allora neonato *Ministère de la Reconstruction et de l'Urbanisme*, la nomina di *architecte en chef* per la ricostruzione del centro di Le Havre.

La decisione ministeriale di affidare al maestro parigino l'incarico per la ricostruzione della città atlantica fu preceduta, e forse in un certo senso indotta, da una serie di iniziative portate avanti da un gruppo eterogeneo di giovani architetti a lui vicini, già precedentemente definiti come *Union pour l'Architecture*, e poi ribattezzatisi al conferimento dell'incarico a Perret come *Atelier de Reconstruction de la Ville du Havre*[25]. Il gruppo si componeva di alcuni suoi ex allievi provenienti dagli atelier del *Palais de Bois*, come Jacques Guilbert, José Imbert e André Le Donné, e dell'*École Spéciale d'Architecture*, come Arthur Héaume e Jacques Tournant, o ancora da quello dell'*École Nationale Supérieure des Beaux-Arts*, come Guy Lagneau; da giovani architetti, come Pierre-Édouard Lambert, formatisi nella medesima scuola seppur non all'interno del suo atelier; da collaboratori dello studio di Rue Raynouard, come Jacques Poirrier, o da redattori di *Techniques et Architecture*, come André Hermant, di cui lo stesso Perret era stato fondatore[26].

Già precedentemente al conferimento dell'incarico a Perret si erano comunque susseguiti una serie di progetti e di studi volti alla ricostruzione di quelle parti del tessuto urbano danneggiate dai bombardamenti. È il caso, ad esempio, del piano redatto già all'inizio del 1941 da Félix Brunau, *urbaniste en chef*, abbandonato poi nel 1946 in seguito ai crescenti contrasti con lo stesso Perret. O ancora, dello studio sviluppato da Henri Colboc sul quartiere dell'Hôtel de Ville dopo i bombardamenti che avevano raso al suolo l'intero centro urbano.

A partire dal settembre 1945 i membri dell'*Atelier* reimpostarono il lavoro per la ricostruzione, preparando una serie di contributi teorici e redigendo, autonomamente o in gruppo, molteplici proposte per il centro, che, ad eccezione della comune volontà di sanare una pregressa condizione di soprelevata densità urbana, non mostrano punti di contatto con quelle già avanzate in precedenza. La lettura comparata dei differenti progetti è in grado di restituire un quadro articolato, indicativo del complesso carattere dell'*Atelier* stesso, che si esprime da un lato nella pluralità delle soluzioni prospettate, dall'altro nella presenza di una «radice culturale comune»[27] capace di contenere istanze e punti di vista a volte anche differenti tra loro.

Sembrano essere infatti chiari e condivisi, fin dall'avvio della ricerca, il programma e gli obiettivi che Perret e l'*Atelier* perseguono. Atto fondativo di questi progetti, innanzitutto, come già nel caso delle *Villes-Tours*, è la definizione di un suolo artificiale, da realizzare coprendo «il suolo per ettari, chilometri quadrati, sovrapponendo dei piani su un ossatura di travi e pilastri»[28]. Questa soluzione, formalizzata in altre occasioni già a partire dagli anni '20, rimanda a una serie di proposte, da quelle di Hénard fino a quella pubblicata nel 1861 da Coignet per la stessa Le Havre[29], necessaria a causa della natura alluvionale del suolo e della prossimità della falda alla sua superficie.

Al di sopra di questo basamento si sarebbe collocata la città, immaginata, in virtù della sua «situazione geografica eccezionale»[30], come una «piattaforma girevole tra l'antico e il nuovo mondo»[31].

Di questa il suo autore ne aveva definito innanzitutto, e con chiarezza, il carattere:

Di fronte all'acqua costruiremo un vero Front-de-mer. Incarnerà la Francia agli occhi degli stranieri. Ne offrirà l'immagine nobile e monumentale. A distinguere Le Havre sarà un'architettura che obbedirà a una legge di armonia. Un'impressione di ritmo e di unità scaturirà dalla città, che non sarà un aggregato informe di case disparate, ma un insieme urbano organico e vivente[32].

O ancora:

Bisogna che Le Havre accolga degnamente i viaggiatori venuti dall'estero. Bisogna che il loro primo contatto con la terra di Francia li impressioni favorevolmente. Bisogna che mostriamo di avere sempre il senso della grandezza e della bellezza. Vedo un Front-de-mer che raggrupperà tutti i monumenti della città e accompagnerà le navi fino alla loro entrata nel porto. Delle alte torri accoglieranno gli uffici delle grandi compagnie di navigazione, dei commercianti, degli industriali. Queste si eleveranno ben al di sopra delle case della città, che non supereranno i 5 o 6 piani. Vedo anche un complesso amministrativo che rimpiazzerà il vecchio Hôtel de Ville, troppo piccolo. Perché, malgrado la tradizione, noi non faremo del falso Rinascimento. Al posto del teatro, costruiremo un complesso che sarà il centro della vita intellettuale ed artistica di Le Havre[33].

Quello che si potrebbe affermare da un'osservazione di questi progetti, e in particolar modo da una lettura sinottica con quello finale, è che sia innanzitutto rintracciabile un atteggiamento condiviso, che al di là degli esiti formali, non sempre confrontabili, tende a individuare nel progetto d'architettura uno strumento conoscitivo della realtà. Una realtà non semplicemente fisica ma anche culturale, dalla quale il progetto trae il suo stato di necessità. Il valore di queste molteplici proposte, in relazione a quella definitiva, sembra infatti essere quello di costituirsi come una ricerca che consente una progressiva messa a fuoco e un graduale avvicinamento a quei principii su cui fondare la forma urbana, verificandone, volta per volta, il senso dei suoi elementi costitutivi, e ricercandone, attraverso un continuo affinamento, le corrette relazioni sintattiche.

In seconda istanza, una prima lettura formale dei lavori svolti dai membri dell'*Atelier* restituisce chiaramente una comune e più generale 'idea di città' soggiacente ai progetti in questione. Sembra infatti evidente che tutti questi progetti, sia quelli apparentemente più storicisti, che quelli più espressamente rifondativi, facciano propria quella definizione di tradizione[34] già espressa dallo stesso Perret e si determinino dunque attraverso un doppio ordine di relazioni che da un lato li conforma in base allo stato di necessità determinato dal proprio tempo, dall'altro li pone in continuità con quelle esperienze della storia a partire dalle quali queste hanno sviluppato la propria riflessione sul progetto della città. Si può sostenere, nello specifico, che quello che lega reciprocamente questi progetti e li pone in rapporto all'esperienza storica, al di là delle analogie formali più o meno evidenti, sia l'attribuzione di un significato e di un valore immutato alle forme dello spazio aperto della città. Tutte queste proposte, infatti, pur quando ricorrenti a morfemi differenti e talvolta estranei rispetto alla città della storia, perseguono con evidenza il suo carattere di urbanità, riconducendo il suo spazio aperto alle forme paradigmatiche della strada e della piazza, costruite come invasi all'interno della massa del tessuto urbano.

In parte consustanziale alle modalità con cui si svolge il rapporto con la storia è la comune idea di natura

Tav_LH.02: Le Havre. Planivolumetrico. Progetto del 09 febbraio 1946.

cui questi progetti si riferiscono. Ancora analogamente all'esperienza storica infatti, lo spazio e le forme della natura continuano a porsi come un elemento altro ed esterno rispetto alla forma urbana, al più interiorizzati e addomesticati attraverso un processo di astrazione che li riduce alle forme dell'acqua dei bacini portuali o della vegetazione delle sue piazze e dei suoi viali. Al di là di questo, e seppur per certi versi con forme ancora acerbe, sembra però essere riconoscibile un tentativo da parte di molte di queste proposte di definire una ben più significativa corrispondenza, conseguita innanzitutto attraverso un principio di appropriata collocazione dei suoi luoghi monumentali, tra gli spazi interni della città e quelli esterni della natura.

Emergono chiaramente anche alcuni dati più specifici dall'osservazione di questi progetti, che approfondiscono allo stesso tempo questioni relative tanto all'intera forma urbana e ai suoi principii insediativi, quanto alle sue parti elementari, gli isolati, sottoposti invariabilmente a una riflessione volta a rifondarne forma e significato, fino agli aspetti costruttivi dei suoi edifici, mostrando un teoria del progetto urbano capace di abbracciare organicamente e simultaneamente le diverse scale del progetto.

Tra questi, particolarmente significativo è il progetto datato al 9 febbraio 1946, ad opera di Hermant, Imbert, Le Donné e Lagneau, e presentato nella raccolta di tavole: *Ville du Havre. Plan de Reconstruction. Architecte en chef: Auguste Perret. Etude presentée par: L'Atelier de Reconstruction du Havre*. Questa proposta assume un valore particolare, tanto in relazione alla prima fase di ricerca dell'*Atelier*, del quale ne costituisce il primo momento di sintesi, quanto in rapporto al progetto finale, del quale, per molti aspetti ne pone le immediate premesse. Indicativa del valore riconosciuto a questa proposta è la pubblicazione, quasi contemporanea, su un numero di *Techniques et Architecture*, di una relazione illustrativa in cui vengono delineati i principii su cui si fonda il progetto in questione.

Viene formalizzata, ad opera di Paul Branche, la collocazione della città su un podio 'abitato' in calcestruzzo armato sul quale soprelevare la trama delle vie di circolazione e al cui interno avrebbero trovato posto, oltre i sistemi di impianti, anche servizi pubblici quali autorimesse e parcheggi, nonché i piani cantinati degli edifici.

La forma urbana è definita da unico tessuto ortogonale dimensionato su un modulo spaziale[35] di 6,24 m, coincidente con la campata strutturale degli edifici, che mostra, secondo le parole dello stesso Perret, una chiara «volontà fondativa»[36]. Questo è tracciato sulla giacitura del Bassin du Commerce e gerarchizzato da più luoghi monumentali, che assumono le forme di vaste piazze relazionate reciprocamente da strade che introducono variazioni della maglia stradale. La città si struttura infatti sui rapporti costruiti tra la Place de l'Hôtel de Ville e un affaccio sull'Oceano da un lato, sulla foce della Senna dall'altro, e si costruisce quasi esclusivamente attraverso il ricorso a variazioni topologiche dell'isolato a corte. Nel primo caso questa si rappresenta sul vasto spazio dell'Oceano attraverso quello che sembra essere un grande loggiato, probabile memoria del progetto del 1936 dello stesso Perret per il Palais de Chaillot a Parigi. Nel secondo, invece, una piazza di dimensioni modeste si apre sull'estuario della Senna e introduce a una serie di edifici monumentali lungo la foce del fiume. Le relazioni tra questi luoghi vengono descritte attraverso l'eccezionale dilatazione della sezione stradale dell'Avenue Foch, e quella più misurata della Rue de Paris, inquadrate da una cortina edilizia che almeno in virtù della propria altezza, per quanto ci è consentito riconoscere dagli elaborati originali, esibisce la preminenza di queste strade all'interno del tessuto urbano.

Tav_LH.03: Le Havre. Planivolumetrico. Progetto del luglio 1946.

Un'attenzione particolare merita la riflessione messa in atto sull'isolato, che contiene *in nuce* quei principii rifondativi chiaramente riconoscibili nel progetto definitivo. Viene innanzitutto evidenziata, tanto attraverso i disegni quanto per mezzo della relazione illustrativa, la necessità di risolvere l'annosa questione dell'intasamento degli isolati e della sopraelevata densità abitativa allo scopo di garantire un «soleggiamento soddisfacente, una vista sufficientemente estesa, una buona penetrazione di luce naturale e una protezione efficace contro i venti dominanti»[37]. Quello che però più conta, in relazione agli scopi di questo studio, sono le implicazioni formali di quella che solo apparentemente sembra essere una semplice rifondazione funzionalista dell'isolato storico. La proposta dell'*Atelier* traduce infatti la necessità di luce ed aria attraverso il ricorso quasi esclusivo a grandi isolati a corte, le cui dimensioni vengono notevolmente dilatate rispetto a quelli a blocco preesistenti nella città atlantica, fino a raggiungere circa i 90 x 100 metri di lato. A quest'incremento non corrisponde però una semplice dilatazione del vuoto interno, ma piuttosto una significativa articolazione capace di conferire complessità spaziale e morfologica. Al di sopra di un piano basamentale che cinge con continuità le corti residenziali comincia infatti a delinearsi un principio di scomposizione, che vede la costruzione di un isolato le cui differenti altezze delle sue parti tengono conto, oltre che delle specifiche condizioni di illuminazione naturale, anche e soprattutto delle gerarchie imposte dallo spazio urbano. Il suo spazio centrale, discretizzato da corpi di fabbrica interni al perimetro, si struttura su una successione di due corti di circa 25 x 65 metri di lato, concatenate reciprocamente e connesse a quelle degli isolati adiacenti, attraverso una maglia di percorsi, vicoli, varchi, attraversamenti e slarghi, differente da quella destinata al traffico veicolare e inserita «indipendentemente e liberamente tra i complessi di edifici modulati secondo il tessuto generale»[38], in modo da riproporre quell'articolazione e complessità delle forme e degli spazi della strada che aveva caratterizzato la città preindustriale e che era stata negata da quella ottocentesca.

Successivamente a questa, ritenuta eccessivamente invasiva nei confronti della memoria storica della città, la proposta firmata dallo stesso Perret e presentata nel luglio 1946 su *Techniques et Architecture* definisce ancora più chiaramente gli stessi luoghi monumentali, secondo delle forme e delle sintassi molto vicine al progetto definitivo, e introduce due significative variazioni. La prima vede infatti la definizione della diagonale del Boulevard François Ier, che conclude la triangolazione tra i luoghi monumentali di cui si compone la città, evocando, come ha sottolineato Collins, quel «tipo che era stato […] razionalizzato per una via autonoma, in Francia, dagli architetti del *Grand Siècle*, e cioè la definizione d'un rigido tracciato viario di grandi arterie di traffico allaccianti gli edifici più importanti, con le aree fra esse comprese progettata […] secondo una griglia ortogonale»[39]. La sua eccezionalità rispetto al tessuto urbano causa la soppressione degli isolati lungo il suo corso e genera quindi una successione di piazze che costruiscono un *boulevard à redans triangulaires*, secondo una delle tipologie già proposte da Hénard. L'introduzione del Boulevard, descritta come il frutto di una volontà di ripristino della forma storica della città, va quindi piuttosto intesa, indipendentemente da ragioni storiciste tese a ricalcare il vecchio tracciato stradale, come necessaria a descrivere la giacitura della linea di costa e mettere in relazione reciproca quegli spazi monumentali costruiti rispettivamente sull'Oceano e sull'estuario della Senna.

La seconda riguarda invece il ricorso agli edifici alti, assenti nella precedente proposta, e collocati qui in corrispondenza della Porte Océane e della Place

Tav_LH.04: Le Havre. Planivolumetrico. Progetto dell'aprile 1948.

de l'Hotel de Ville, che propongono la possibilità di individuare i capisaldi della forma urbana attraverso la disposizione degli edifici a torre.

Successivamente a questa proposta, in un ulteriore fase di studio una cui planimetria è databile all'aprile del 1948, il Boulevard François Ier andò acquisendo una sempre maggiore espressività all'interno della forma urbana, fino a generare un nuovo tessuto ortogonale, ruotato rispetto al primo, e relazionato a questo attraverso un principio di deformazione dell'isolato, come nella configurazione storica della città.

II.4. La 'grande città' come insieme di luoghi monumentali

Pur se chiaramente determinato dalle ricerche condotte dai membri dell'*Atelier*, il progetto finale non ne costituisce una semplice sintesi, ma si pone piuttosto come un notevole avanzamento rispetto alle immediate premesse.

Nella sua versione definitiva, questo si struttura infatti sul rapporto tra due differenti tessuti ortogonali, definiti come autonomi e relazionati paratatticamente in una condizione di tensione, e non più di continuità, come nell'esperienza storica, l'uno rispetto all'altro. Entrambi, attraverso il proprio impianto e le differenti giaciture, descrivono la collocazione della città su un piano dal carattere anisotropo. Quello che è più significativo è però il compimento di una ricerca che, nella volontà di stabilire significative relazioni tra la forma della città e quelle della geografia, e di rappresentare la complessità che questa implica, nega definitivamente la possibilità di costituire la prima come forma 'unica', attuando piuttosto una sua scomposizione analitica che vede da un lato la definizione di grammatiche disgiuntive tra le parti, dall'altro il perseguimento dell'unitarietà attraverso la determinazione del principio che governa le loro relazioni reciproche.

Il primo tessuto, interno e più esteso, sembra definirsi chiaramente secondo un ordine cardo-decumanico, che vede i propri elementi strutturanti nella Rue de Paris e nell'asse visivo definito dal grande invaso del Bassin du Commerce, conclusi dai due grandi edifici pubblici della città, l'Hôtel de Ville per il primo e la chiesa di Saint-Joseph per il secondo. È questo l'atto fondativo della forma urbana, che stabilisce innanzitutto l''appropriazione' del suolo sul quale sorge la città e manifesta la volontà di forma attraverso la perentorietà della geometria.

Il secondo, esterno e più esiguo, si adegua invece ai margini naturali delle rive e, strutturandosi attraverso la relazione tra la Porte Océane e il Front-de-mer Sud, i quali costituiscono i punti di cerniera che legano i due tessuti ortogonali, costruisce il limite della città sull'Oceano Atlantico e il suo affaccio sulla foce della Senna.

L'intera forma urbana si gerarchizza e struttura su una molteplicità di piazze, di luoghi monumentali, secondo un principio di chiara derivazione dall'idea della Parigi settecentesca di Pierre Patte. Questi sembrano in qualche modo rendere evidente la complessità connaturata alla città contemporanea, conseguita però non semplicemente in virtù della proprie accresciute dimensioni, ma piuttosto attraverso la necessità di ridefinire relazioni chiare tra la forma urbana e il territorio, tra gli spazi della città e quelli della natura. La volontà di ordinare la forma di Le Havre attraverso i rapporti tra molteplici luoghi monumentali non risiede pertanto nella possibilità di controllare il dato fisico della sua effettiva estensione[40], quanto nella volontà di rappresentare una molteplicità di relazioni.

Per questa ragione, quindi, i luoghi di Le Havre non si definiscono più come esclusivamente interni alla forma urbana e significativamente, a differenza dell'esperien-

Tav_LH.05: Le Havre. Planivolumetrico. Progetto definitivo.

za storica, scelgono di non qualificare come un vero e proprio 'centro' l'intersezione tra il cardo e il decumano, tra la Rue de Paris e il Bassin du Commerce, ma si collocano piuttosto lungo il suo margine, come già in parte la costruzione della città tardobarocca francese aveva espresso[41]. La localizzazione della Place de l'Hôtel de Ville, della Porte Océane e del Front-de-mer Sud sembra quindi in un certo modo riflettere il riconoscimento di «ciò che potremmo definire "anima del luogo": una sorta di predisposizione basata su ragioni di ordine topologico e geografico che fanno di tali specifici luoghi ambiti adatti ad accogliere la condizione di luogo pubblico»[42]. Luoghi, questi, situati «là dove città e natura si incontrano»[43], dove il mondo civico della prima si definisce non più come opposto alla seconda, ma «aperto, sintetico, composto di elementi diversi e interagenti»[44].

Ciascuno di questi luoghi, nella città atlantica, si relaziona reciprocamente agli altri attraverso due principii. Il primo di questi, memore dell'esperienza condotta alla metà del XIX° secolo da Haussmann a Parigi, vede la monumentalizzazione dello spazio pubblico della strada, le cui forme vengono declinate in relazione al carattere delle parti di cui si costituisce la città. Questa si presenta infatti come una *rue corridor* 'porticata', come nel caso della Rue de Paris, arteria commerciale della città[45], che lega la Place de l'Hôtel de Ville e il Front-de-mer Sud, caratterizzati il primo dall'edificio-portico dell'Hotel de Ville e dal peristilio della cortina residenziale, il secondo dalla peristasi loggiata lungo la Senna. Il suo spazio, oppure, può essere soggetto a una straordinaria dilatazione spaziale come nel caso dell'Avenue Foch, la cui sezione stradale raggiunge gli 80 metri e che, nelle forme di un viale alberato lungo 500 metri, evocativo secondo il maestro parigino degli Champs Elysées della capitale, costruisce e 'narra' il piede della falesia dalla Place de l'Hôtel de Ville fino alla Porte Océane e al margine dell'oceano. O può assumere, ancora, con il Boulevard François Ier, le forme di quel *boulevard à redents triangulaires* già proposto da Hénard, che, definito da una cortina edilizia rettilinea e continua da un lato e da una successione a scacchiera di piazze triangolari dall'altro, rappresenta lo iato tra le due maglie ortogonali, ma con caratteri propriamente urbani rende ragione della loro contiguità.

Il secondo, invece, vede il ricorso al tipo dell'edificio a torre come elemento capace di individuare i luoghi monumentali della città, determinarne l'identità e porli in un costante rapporto di triangolazioni visive al fine di rendere eloquenti le gerarchie che governano la forma urbana, nonché di conferire a questi la scala appropriata al confronto con le grandi forme della natura. In ciascuno dei suoi luoghi, nello specifico, viene declinato il ruolo dell'edificio a torre all'interno della città compatta, in continuità tanto con quella ricerca personale intrapresa fin dagli inizi degli anni '30, quanto con le prime proposte sviluppate da Hénard per la *Ville de l'avenir* nei primi anni del XX secolo, per il quale vengono definite, volta per volta, la forma e le sintassi necessarie a stabilire l'identità dei luoghi nei quali questi si collocano.

Da un lato la torre civica dell'Hôtel de Ville e quella religiosa della Chiesa di Saint Joseph si pongono come capisaldi 'isolati', collocati alle estremità della Rue de Paris e del Bassin du Commerce e, in virtù della propria altezza[46], a 'governare' la città come i *beffroi*, torri civiche, e i *clocher*, campanili, delle città settentrionali della Francia.

Dall'altro, invece, le torri residenziali della Place de l'Hotel de Ville, della Porte Océane e del Front-de-mer Sud si aggregano reciprocamente e con i sottostanti isolati urbani attraverso sintassi differenti, che esprimono il carattere del luogo nel quale questi si collocano.

La Place de l'Hotel de Ville costruisce, assieme alla Porte Océane, cui è relazionata attraverso l'Avenue Foch, un unico e articolato centro, disposto dal

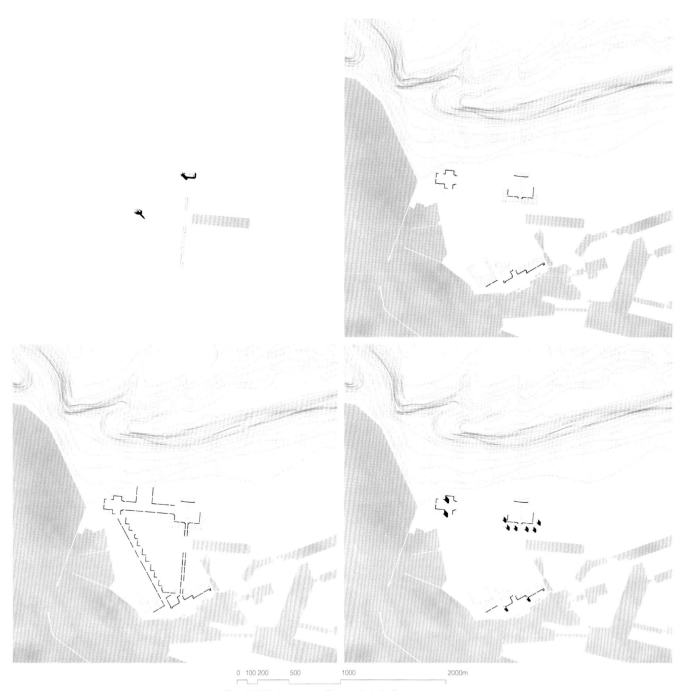

Tav_LH.06: Le Havre. Elementi della forma urbana.

Tav_LH.07: Le Havre. Struttura della forma urbana.

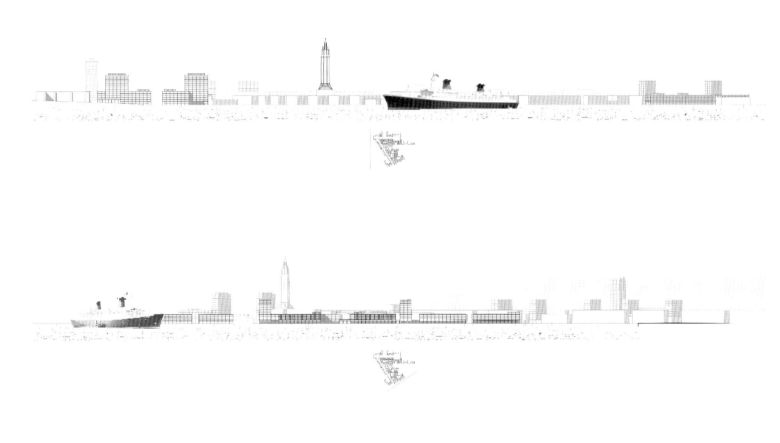

Tav_LH.08: Le Havre. Prospetti urbani.

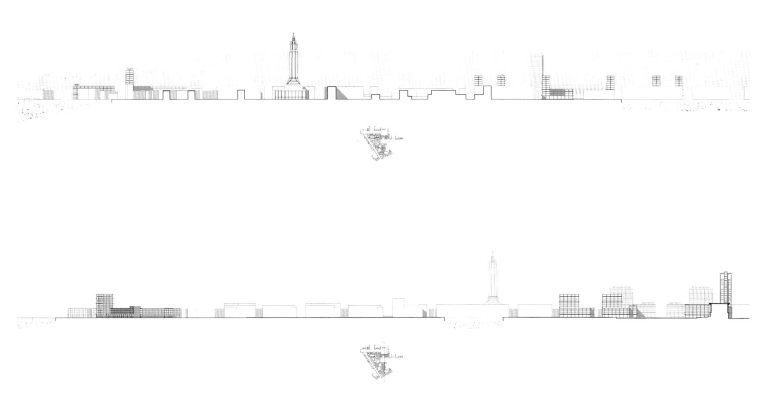

Tav_LH.09: Le Havre. Sezioni urbane.

Tav_LH.10: Le Havre. Veduta prospettica della città.

piede della falesia nel cuore della città fino al margine dell'Oceano.

La prima, come già anticipato, costituisce quel luogo in cui la città, grazie a un principio di straordinaria dilatazione dello spazio pubblico, così vasto da permettere di traguardarla visivamente, si relaziona alla falesia del Bec-de-Caux. La piazza è individuata da un lato dal *beffroi*, che definisce il valore civico del luogo, e dal portico del municipio, il cui ordine gigante di colonne costruisce il piede della falesia stessa, dall'altro da un sistema di isolati a corte e sei torri residenziali, analogo a quello di un 'castello'.

La seconda stabilisce invece, attraverso uno stretto varco della sua cortina edilizia aperto lungo l'asse di simmetria della piazza, il rapporto tra lo spazio interno della città e l'orizzonte atlantico. Questa è individuata da due torri residenziali poste in tensione tra loro a definire la 'porta urbana' sullo spazio aperto e vasto dell'Oceano.

Il Front-de-mer Sud definisce infine, attraverso lo sviluppo di un *redent* e la successione dei suoi loggiati, il rapporto tra la città e l'estuario della Senna. Due edifici a torre ne articolano lo sviluppo e costruiscono una relazione con le altane che ne individuano i punti cospicui, a costruire, come i bastioni e le torri di una 'cinta muraria', l'affaccio della città lungo il fiume.

Tav_LH.11: Le Havre. La 'cattura dell'infinito'.

[1] Assieme ai numerosi articoli apparsi sulle riviste specializzate dell'epoca, tra tutte *Techniques et Architecture* e *L'Architecture d'Aujourd'hui*, che presentarono il progetto di Perret all'interno di una rassegna delle differenti esperienze della ricostruzione in Francia, particolarmente significativo è anche il dibattito sviluppatosi in Italia fin dall'inizio degli anni '50, alimentato poi anche dalla scomparsa dello stesso maestro nel febbraio 1954. In diverse sedi e secondo differenti modalità si definirono una serie di riflessioni volte ad operare un bilancio critico dell'intera opera di Perret, in relazione al quale rientrava la lettura e il giudizio sulla ricostruzione di Le Havre, allora in realizzazione. Prime in ordine cronologico sono le pubblicazioni di Bruno Zevi e di Ernesto Nathan Rogers, al quale si deve la prima monografia italiana a lui dedicata.

[2] Si segnalano le riflessioni che Joseph Abram, autore del dossier di candidatura per l'UNESCO, e Jean-Louis Cohen hanno sviluppato in generale su Perret e in particolare sulla ricostruzione della città atlantica.

[3] POLESELLO, *et al.* 1960, p. 46.

[4] GREGOTTI 1957, p. 51.

[5] Zevi e Rogers, seguiti da Leonardo Benevolo, avevano misconosciuto una qualsiasi 'idea di città', mai affinata nel corso della ricerca perretiana, che potesse aver sostenuto e conformato la ricostruzione della città atlantica.

[6] Significativo è il ricorso, anche da parte dello stesso Perret, al medesimo attributo nella descrizione della città atlantica. (PERRET, Auguste, "Le Havre sera reconstruit par Auguste Perret sur une plateforme", intervista a cura di WALDEMAR, George, in *La Voix de Paris*, 22 ottobre 1945, cit. in GARGIANI 1993, p. 281).

[7] POËTE 1958, p. 116.

[8] PERRET 1941b (ora in ABRAM, *et al.* 2006, p. 409).

[9] PERRET 1936 (ora in ABRAM, *et al.* 2006, p. 291).

[10] PERRET 1945a (ora in ABRAM, *et al.* 2006, p. 422).

[11] LE DONNÉ 1945, p. 16.

[12] «Lui [Perret, n.d.T.] tiene anche conto della ricchezza del paesaggio delle pianure e delle colline, e acconsente rapidamente ad abbandonare l'indifferenza apparente delle sue idee iniziali sul suolo artificiale per ritrovare il contatto con la topografia parigina, della quale sa apprezzarne lo spettacolo» (COHEN, *et al.* 2002, p. 221).

[13] Si pensi, ad esempio, al progetto per il Palais de Chaillot, che traduce nelle forme di una terrazza monumentale, di una «moderna Acropoli» (COHEN, *et al.* 2002, p. 220), il salto di quota delle colline di Passy lungo il corso della Senna. O ancora, a quello per il Palazzo dei Soviet a Mosca, per il quale la relazione con la forma del suolo sembra poter spiegare l'orientamento e la giacitura del sistema delle piazze del progetto perretiano, poste tanto in rapporto al Cremlino e al tessuto urbano, quanto al corso della Moscova.

[14] GREGOTTI 1966, p. 59.

[15] Sembra essere questa infatti l'invariante che determina la collocazione di Rouen, posta allo sbocco degli affluenti del Robec e della Clérette; di Duclair, sull'Austreberthe; di Caudebec-en-Caux, posta all'immissione dell'Ambion; del porto romano di Lillebonne, sorta lungo il corso del Commerce, e di quelli più tardi di Harfleur, sul Lézarde, e infine di Honfleur, sulla Morelle.

[16] ETIENNE-STEINER 2005.

[17] Già i dati di alcune indagini geologiche effettuate sul finire del XIX° sec., e riportati in LENNIER 1885, avevano consentito la ricostruzione di un quadro parziale ma tuttavia attendibile riguardo la sequenza stratigrafica, e quindi l'individuazione delle originarie insenature in un'area corrispondente all'attuale centro della città.

[18] DE MERVAL 1875, p. 9.

[19] COLBOC 1943, p. 55.

[20] DE MERVAL 1875, p. 9.

[21] *Ivi*, p. 10.

[22] *Ivi*, p. 258.

[23] LAVEDAN, *et al.* 1982.

[24] ETIENENE-STEINER 2005, p. 54.

[25] Per una descrizione puntuale delle vicende storiche che portarono alla formazione del gruppo e alla nomina di Perret come *architecte en chef* questo studio rimanda alle attente ricostruzioni contenute in ABRAM 1990; FANELLI, GARGIANI 1991; GARGIANI 1993; COHEN, *et al.* 2002.

[26] Una esauriente ricostruzione biografica dei membri dell'Atelier è contenuta in ABRAM 1982 e COHEN, *et al.* 2002.

[27] GARGIANI 1993, p.270.

[28] PERRET 1945b (ora in ABRAM, *et al.* 2006, p. 425).

[29] COIGNET 1861.

[30] CHAPEROT, George, *Le Havre. Porte Océane*, nota dattiloscritta, s.d. (cit. in GARGIANI 1993, p. 281).

[31] *Ibidem*.

[32] PERRET, Auguste, "Le Havre sera reconstruit par Auguste Perret sur une plateforme", intervista a cura di WALDEMAR, George, in *La Voix de Paris*, 22 ottobre 1945 (cit. in GARGIANI 1993, p. 281).

[33] PERRET 1945d (ora in ABRAM, *et al.* 2006, p. 433).

[34] Una nota dattiloscritta datata al 16 agosto 1944, e probabilmente redatta da Hermant, manifesta la necessità di «adottare il principio che lo [Perret, n.d.A.] ha sempre guidato: 'Fare ciò che farebbero i nostri grandi antenati se fossero al nostro

posto'» (cit. in GARGIANI 1993, p. 254).

[35] Per questo tema, già ampiamente indagato, si rimanda in particolare al contributo di DELEMONTEY (2003), che traccia un quadro approfondito sul significato e sull'origine della maglia modulare del progetto perretiano.

[36] ATELIER 1946.

[37] "La reconstruction du Havre. Architecte en chef: Auguste Perret", in *Techniques et Architecture*, VI, nn. 7-8, 1946, p. 334.

[38] *Ibidem*.

[39] COLLINS 1965, p. 242.

[40] Si pensi, ad esempio, che la Place de l'Hôtel de Ville dista circa 550 metri dalla Porte Océane e 750 dal Front-de-mer Sud, e questi due, a loro volta distano reciprocamente circa 1100 metri.

[41] Si osservino ad esempio Place de La Bourse a Bordeaux o de La Concorde a Parigi, entrambe realizzate su progetto di Ange-Jacques Gabriel tra il 1730 e il 1775 la prima, tra il 1755 e 1772 la seconda, che sembrano costituire dei validi antecedenti logici per le piazze di Le Havre. Place de la Bourse a Bordeaux costituisce infatti il luogo in cui la città si apriva e rappresentava monumentalmente dinanzi al corso della Garonna. Sul *parterre* di Place della Concorde a Parigi, si confrontavano invece, come figure distinte ma in rapporto dialogico, la città, preannunciata in forma di sintesi dai colonnati degli *hôtels particuliers*, i giardini delle Tuileries, quelli degli Champs Élysées e il corso della Senna.

[42] MARTÍ-ARIS 2007, p. 56.

[43] NORBERG-SCHULZ 1971, p. 39.

[44] *Ibidem*.

[45] È questa una soluzione che lo stesso Perret descrive come derivante da una proposta di Honoré de Balzac. Afferma l'architetto: «Balzac aveva proposto, nel 1844, di obbligare tutti i proprietari di Parigi a munire i loro edifici di un balcone detto "balcone-riparo", ma nel 1844 questo sarebbe stato un'impresa costosa, mentre oggi è facile realizzarla. Si camminerà a piedi asciutti nella parte commerciale della città» (PERRET 1946, ora in ABRAM, *et al.* 2006, p. 438).

[46] La Tour de l'Hôtel de Ville e la chiesa di Saint Joseph raggiungono rispettivamente un'altezza di circa 75 e 110 metri e si confrontano scalarmente con la falesia, alta circa 90 metri.

III. IL 'PITTORESCO URBANO' O LO SPAZIO DELLA CITTÀ

Sulla Place de l'Hôtel de Ville, la Porte Océane e il Front-de-mer Sud è possibile svolgere delle riflessioni che non si esauriscono al valore posizionale, ma che si aprono anche verso le modalità della loro costruzione, intendendo con questa il sistema di relazioni sintattiche tra gli elementi costitutivi, sistema di relazioni attraverso cui prende concretezza l'idea di spazio perseguita dal progetto di Perret.

Il tentativo di una loro lettura apre una serie di questioni reciprocamente connesse, inerenti da un lato l'interpretazione della più intima struttura formale, dall'altro il possibile tracciamento della loro origine, che ci consentono di chiarire non solo le modalità costitutive, ma anche il tipo di rapporti che queste vanno a stabilire con quelle esperienze che in un certo senso le hanno determinate.

I luoghi monumentali di Le Havre, infatti, si definiscono anche situandosi all'interno di una dimensione storica e culturale che conferisce loro il valore della memoria, e che, come è stato già osservato nell'esperienza analoga della ricostruzione di Place Alphonse Fiquet ad Amiens, non è tanto quella particolare della città atlantica, quanto quella più generale relativa alla costruzione della città francese.

I luoghi di Le Havre rimandano infatti chiaramente, attraverso le loro forme e il loro carattere, a quella più vasta cultura urbana all'interno della quale si compongono reciprocamente frammenti provenienti dello straordinario paradigma di quella Parigi, la città dello stesso Perret, costruita e immaginata attraverso le esperienze e le riflessioni delle Places Royales di Mansart, Gabriel e Patte, dei giardini e dei parchi di Le Nôtre, delle strade e dei *boulevard* di Percier, Fontaine e Haussmann e da ultimo delle prefigurazioni di una turrita città dell'avvenire di Hénard.

Il progetto per Le Havre appare quindi come il prodotto di un più vasto pensiero, di un pensiero corale sviluppatosi nei quattro secoli precedenti attraverso le esperienze di quei 'grandi antenati' spesso evocati dallo stesso Perret, che si sono costituite in maniera coerente e consequenziale l'una rispetto all'altra, come cioè lo svolgimento, articolato nel tempo, di un unico tema.

È necessario però sottolineare che questo rapporto non si riduce, nell'opera di Perret, a una semplice imitazione o ripetizione di quei specifici luoghi che hanno segnato la storia e l'immagine della capitale e più in generale delle città francesi. Come ha infatti evidenziato Cohen:

> Parigi ha offerto a Perret un consistente insegnamento, attraverso la scoperta dei grandi edifici, dei giardini e del paesaggio urbano. Dall'osservazione dei tipi architettonici della storia l'architetto non deduce una posizione conservatrice o restauratrice, ma un'attitudine critica d'interpretazione dei dispositivi classici, deformati e riformati per adattarli ai programmi che gli sono posti[1].

A questo patrimonio, inteso nel senso etimologico del termine, il progetto per Le Havre sembra guardare infatti attraverso l'astrazione e l'analogia, che hanno consentito la prima di penetrare il senso più profondo di questi paradigmi, interpretati astoricamente e svincolati dalle contingenze che li hanno originati, la seconda di assumerli come forme ancora in atto, con le quali stabilire un fertile relazione. Conseguentemente a questo atteggiamento, quindi, la Place de l'Hôtel de Ville, la Porte Océane e il Front-de-mer Sud si definiscono, e lo esprimono con chiarezza, attraverso la ricomposizione di archetipi all'interno di forme rinnovate che appaiono come un prodotto 'originale', che possiede cioè un suo carattere proprio ma che al contempo mostra la sua origine.

Dalle affermazioni dello stesso Perret e dall'osservazione dei disegni di studio nel loro sviluppo è interessante notare che la definizione dei luoghi monumentali della città, dapprima individuati attraverso edifici specialistici che li caratterizzano attraverso la loro funzione[2], si risolva progressivamente nella possibilità della loro costruzione esclusivamente attraverso la residenza. È questo un passaggio particolarmente significativo, che nell'assenza di una qualsiasi funzione particolare, con la sola eccezione dell'edificio municipale nella Place de l'Hôtel de Ville, esprime ed esalta questi luoghi come un sistema di rappresentazione puramente formale, ancora necessario però affinché la città possa definirsi come una struttura gerarchizzata ed esprimere una riconoscibile dimensione morfologica[3].

È inoltre possibile osservare come invariabilmente, in tutti questi luoghi, le residenze si vadano a comporre reciprocamente in edifici collettivi d'abitazione ricondotti alla forma di manufatti unitari, nei quali si riconosce il principio unificante dello spazio pubblico, e per i quali si ricerca un carattere monumentale, perché tali lo sono le pendici della falesia del Bec-de-Caux, l'orizzonte dell'Oceano Atlantico e l'estuario della Senna. Da questo punto di vista diviene evidente la ragione per cui il progetto per Le Havre elegga i propri paradigmi all'interno di quel particolare ambito della storia della città francese, che già aveva maturato esperienze come quelle delle Places Royales o delle Rues Royales[4], che costituiscono gli antecedenti tipologici per i luoghi monumentali della città atlantica.

Oltre quest'immediata analogia, risolta sul piano del loro valore urbano e sul rapporto tra lo spazio pubblico e quello della residenza, il caso in questione presenta delle variazioni formali che non possono essere riduttivamente considerate come semplici revisioni di un tema, ma che insistono invece profondamente su un piano semantico, per il quale ne propongono una significativa rifondazione.

III.1. Grammatiche dello spazio urbano

La relazione con gli elementi della geografia fisica sembra infatti prendere forma, oltre che mediante la giusta disposizione dei luoghi monumentali all'interno della forma urbana, anche attraverso la definizione di una coerente grammatica dei suoi spazi aperti, nella quale è riconoscibile un'aspirazione a definire uno spazio dal carattere eminentemente urbano, proprio ancora della città compatta, ma conformato allo scopo di stabilire relazioni significative tra la dimensione finita degli spazi della città e quella potenzialmente infinita degli spazi aperti della natura.

Nello specifico è possibile affermare che questo rapporto sia definito attraverso una ricerca fondata sul riconoscimento di due caratteri differenti e possibili dello spazio, e quindi sull'assunzione, allo stesso tempo, del valore dello spazio circoscritto e di quello dello spazio aperto.

Da un lato, questa grammatica sembra quindi perseguire il carattere di urbanità ed evocare la densità spaziale della città storica, riconoscendo ancora nell'internità dei suoi luoghi il valore civico e identitario della vita urbana. Come nell'esperienza della storia infatti, tanto gli spazi pubblici della città, riconducibili alle forme paradigmatiche della strada e della piazza, quanto quelli residenziali, riconoscibili in quelle della corte, sono chiaramente individuati mediante la definizione di un limite che li circoscrive e li qualifica come interni.

Dall'altro, invece, sembra essere chiaro e costante il ricorso ai principii di dilatazione e di apertura dello spazio. Si può sostenere che la prima consenta in un certo senso di definire un rapporto scalare conforme tra gli spazi collettivi della città, nello specifico le sue piazze, e quelli della natura; la seconda invece di relazionarli reciprocamente attraverso grammatiche disgiuntive per la costruzione di un margine che li circoscrive pur aprendosi, fondate dunque sulla discretizzazione piuttosto che sulla continuità del limite. Questo infatti si sviluppa invariabilmente mediante la giustapposizione delle parti che lo compongono, rese riconoscibili da quei punti di discontinuità che strutturano la concatenazione di questi luoghi e contribuiscono alla percezione di differenti e dilatate profondità spaziali.

In virtù di questo ne consegue quindi che rispetto alle Places Royales, definite generalmente come spazi chiusi all'interno del tessuto minuto e denso della città gotica, e costruite come il recinto della statua equestre che ne costituisce il loro centro semantico e spesso anche geometrico, i luoghi monumentali di Le Havre sembrino individuare al proprio esterno quello che Norberg-Schulz definisce come «punto focale»[5], e che quindi facciano delle ripide pendici della falesia del Bec-de-Caux, dell'orizzonte lontano dell'Oceano Atlantico e dell'altra riva dell'estuario della Senna i veri 'monumenti' della città.

La riflessione sullo spazio della città si riverbera inevitabilmente anche nella costruzione dell'isolato, cui viene ancora riconosciuta la possibilità di porsi come parte e misura elementare della forma urbana, non senza una necessaria rifondazione di forma e significato[6].

Più in generale, è utile sottolineare come quest'aspetto sembri costituire uno dei nuclei problematici attorno al quale si coagulano alcune delle ricerche svolte nell'ambito della *Seconde Reconstruction*, ma affondi tuttavia le proprie radici in quelle riflessioni maturate ambito europeo già alla fine del XIX° sec. e sviluppatesi con proposte molteplici e differenti fino alla metà del XX°.

In un orizzonte più propriamente francese, questa riflessione sembra prendere avvio dalla critica all'isolato haussmanniano, che fu il frutto di un'idea di città sulla quale non si entra ora nel merito, ma per il quale è necessario affrontare alcune questioni circoscritte. Lungi dal voler semplificare la questione, è possibile sostenere che questo si sia conformato rispetto al suo corrispettivo storico «solo come un perimetro più profondo»[7], che aveva visto la perdita di valore semantico e rappresentativo dei suoi spazi interni, sostituiti da una serie di piccoli cortili a vantaggio esclusivo dei prospetti sulla *rue corridor*, ai quali era affidata la rappresentazione dell'edificio e la costruzione dell'immagine della città.

Risalgono agli inizi del XX° sec. quelle prime riflessioni volte alla sua rifondazione e accomunate, pur secondo differenti soluzioni, dal rifiuto di quelle corti chiuse, «ricettacoli di sporcizia privi di sole e aria in quantità sufficiente, che dovrebbero essere proibite già in un edificio alto più di due piani»[8]. È dunque a partire da questo stato di necessità che si possono collocare una serie di esperienze sviluppatesi nell'intero arco della prima metà del secolo e riconducibili sostanzialmente, operando una necessaria semplificazione di questo articolato panorama, a due punti di vista.

Da un lato, infatti, si assistette all'affermazione di quello che è stato denominato come *ordre ouvert* che, allo scopo di «permettere all'uomo di riprendere contatto con la natura, gli alberi e il sole»[9] trovò fondamento teorico in quei contributi di Augustin Rey che avevano portato nel 1928 alla definizione dell'*axe héliothermique*[10]. In nome di questo principio, come sottolinea Lucan, la necessità di disporre gli edifici in rapporto al corso del sole divenne un *leitmotiv*[11] che implicò il ripudio della corte, il rifiuto programmatico dell'allineamento degli edifici su strada, e quindi l'abolizione dell'isolato urbano.

Di fronte però a questa possibilità radicalmente alternativa si strutturò un punto di vista che accomuna le posizioni dei vari Hénard, Garnier, Beaudouin, Lods, Sauvage a quella dello stesso Perret, e che assumeva ugualmente la critica all'isolato chiuso della città storica, pur continuando a riconoscere in questo, previa una sua rifondazione formale, la parte elementare attraverso cui costruire la città. Già dalle prime esperienze del maestro parigino, se si osserva l'*immeuble* al 25bis in Rue Franklin, è infatti chiara la scelta di non rinunciare *in toto* allo spazio della corte, ma piuttosto di aprire l'isolato, come aveva preconizzato Hénard con le soluzioni dei *boulevard à redans* probabilmente osservando alcuni edifici già presenti nella capitale francese, e «adottare razionalmente queste corti in facciata, che sembrano rendere singolari alcune *maisons de rapport* parigine ma che in realtà apportano soluzioni pratiche a un problema di economia e di igiene»[12].

Sono dunque queste la ragioni che orientarono alcuni degli studi condotti all'interno dell'*Atelier*, quali quello sviluppato da Héaume, intitolato *De l'immeuble à l'îlot. Sur des bases traditionelles une structure nouvelle* e datato al 2 maggio 1945. Dalla lettura di queste note emerge innanzitutto la volontà di riconoscere ancora nell'isolato l'espressione di una condizione appropriata all'abitare la città, necessaria al fine di «preservare per una popolazione urbana un modo d'abitare che le è appropriato e al quale è abituata»[13]. Vengono a questo scopo presi in considerazione differenti isolati parigini, realizzati da esponenti della cultura architettonica, anche contemporanea, quali André Leconte, Pol Abraham, Eugène Beaudouin e Marcel Lods, e classificati secondo criteri distributivi e tipologici.

Quello che inoltre emerge è la chiara volontà di stabilire ed indagare le possibili relazioni tra la forma dell'isolato, a partire da combinazioni semplici fino ad arrivare ad organismi via via più complessi, e quella dello spazio urbano. Afferma infatti il giovane allievo di Perret che l'obiettivo della ricerca è la determinazione delle «necessarie relazioni tra le realizzazioni architettoniche e le concezioni urbanistiche»[14], a partire dallo studio di «opere costruite, scelte tra quelle che si possono considerare come tipizzate dall'esperienza (piani tipo), per studiarne i possibili sviluppi teorici dal punto di vista dell'urbanistica»[15].

È opportuno sottolineare come l'atteggiamento dell'*Atelier* non si presenti come un residuo storicista di fronte alla *tabula rasa* invocata dall'*ordre ouvert*, quanto come una lettura critica di quegli stessi principi definiti da Rey[16]. Affermava infatti Hermant, che come Héaume si occupò approfonditamente del problema, che: «l'*axe héliothermique* [...] può essere considerato come la traccia del vero piano di simmetria termica dello spazio – ma questo non significa affatto che si debba necessariamente, e in modo generale, orientare le facciate parallelamente a questo asse, come aveva preconizzato il sig. Augustin Rey»[17]. Sembra dunque essere questo il principio che connota la sua ricerca all'interno dell'*Atelier*, in rapporto alla quale lo stesso autore citò l'ascendenza di studi quali *La Science des plans de villes* di Rey, o ancora, *L'Actionometrie et l'orientation des rues et des façades* pubblicato nel 1930

Tav_PHdV.01: Place de l'Hôtel de Ville. Fotomontaggio con isolati haussmanniani.

da Félix Marboutin, e con la quale, come ha sottolineato Gargiani, «si profila una apertura [da parte dell'*Atelier*, n.d.A.] alla cultura del razionalismo internazionale»[18]. Il lavoro di Hermant, infatti, portò alla definizione di un metodo, sviluppato anche attraverso il ricorso a modelli fisici che permettevano di controllare le condizioni di soleggiamento degli isolati, volto alla determinazione sperimentale, su modello, delle linee di isoluce sulle pareti di un edificio[19].

Alla base dunque della rifondazione dell'isolato operata attraverso i progetti dell'*Atelier* sembrano dunque esserci istanze differenti, legate tanto alla volontà di mantenere un legame con una consolidata cultura urbana, quanto alla necessità di ridefinirne la forma e di indagarne il suo nuovo possibile significato all'interno della città contemporanea. Nello specifico sembra possibile affermare che la ricerca messa in atto dal maestro parigino abbia guardato alle tipologie storiche della città francese, quali quelle degli *hôtels particuliers*, ma anche quelle degli isolati haussmanniani, trasfigurate attraverso le ricerche coeve condotte più in generale in Europa.

Gli isolati della città atlantica si costruiscono intorno a quella corte che nell'isolato haussmanniano era stata ridotta a un semplice cavedio a favore del prospetto stradale, cui erano demandate tutte le possibilità rappresentative. I suoi piccoli cortili vengono invariabilmente sostituiti da un'unica corte per isolato, che riacquista valore pur se i suoi fronti dichiarano comunque una subordinazione rispetto a quelli che in maniera unitaria costruiscono lo spazio pubblico urbano. In questo recuperato rapporto dialettico tra un interno con valore rappresentativo ed un esterno che costruisce lo spazio e l'immagine della città sembrano essere riconoscibili alcune particolari esperienze che hanno sicuramente costituito un riferimento imprescindibile per il progetto di Perret.

Già infatti la realizzazione di alcune Places Royales parigine, quali le già citate des Place des Vosges o Vendôme, conteneva *in nuce* un principio che introduceva una significativa variazione al tipo consolidato dell'*hôtel particulier*. Questi infatti, tipologicamente costruiti attorno alla corte interna, cui rivolgevano tutta la propria volontà di rappresentazione, definivano la possibilità, quando aggregati reciprocamente a costruire lo spazio pubblico, di definire anche un prospetto urbano, diverso da quello interno e uguale a quelli adiacenti. Allo spazio civico della piazza, individuato quindi attraverso la continuità e l'unitarietà dei suoi fronti facevano da contrappunto una molteplicità di corti residenziali celate oltre il margine, di forme, dimensioni e carattere differenti, pertinenti a ciascuno di quegli *hôtels particuliers* che attraverso le loro facciate costruivano l'invaso della piazza.

Le grammatiche costitutive degli isolati del progetto di Perret dichiarano però, rispetto a questi precedenti storici, delle ulteriori variazioni, probabilmente ascrivibili all'influenza esercitata dalle ricerche condotte in ambito europeo tra la fine del XIX° e gli inizi del XX° sec., che li vedono costituirsi come *îlots ouverts*, non definiti cioè attraverso la conclusione del recinto. Oltre infatti la quota basamentale, che tende a circoscrivere con continuità tutti i lati delle corti a meno del varco d'accesso, questi si discretizzano e definiscono un rapporto tra gli spazi della città e quelli della residenza, tale da lasciar penetrare lo spazio libero della strada pubblica, almeno al di sopra del piano terra, nel cuore dell'edificio[20].

Sembra inoltre essere evidente la volontà, comune a molteplici esperienze svolte in campo internazionale, di ridefinire la forma dell'isolato urbano in relazione alla dimensione della 'grande città'. Nella loro conformazione questi non si costituiscono come unità indipendenti l'una rispetto all'altra, accostate paratatticamente secondo un processo additivo, come nella città dell'Ottocento, ma

Tav_PO.01: Porte Océane. Fotomontaggio con Place Vendôme.

piuttosto come aggregabili a quelli adiacenti a definire sistemi complessi, rendendo riconoscibile l'individuazione di una 'misura' di ordine maggiore rispetto a quella individuata dalle forme e dimensioni storiche dell'isolato urbano. Questi infatti si conformano in modo tale da definire sistemi unitari e organici, le cui parti, come incisi all'interno di una frase principale, si strutturano secondo rapporti ipotattici, capaci di confrontarsi con la dimensione vasta e dilatata dello spazio pubblico urbano, e allo stesso tempo di contemplare al proprio interno tanto gli spazi residenziali delle corti, quanto quelli pubblici delle strade che lo attraversano e che ne relazionano lo spazio interno a quello pubblico della città[21].

Questa riflessione, come ha spiegato Lucan, sembra derivare da alcuni ambiti dell'insegnamento dell'*École des Beaux-Arts*, e mostra chiari legami con la ricerca sviluppata in precedenza da Charles Percier e Pierre Fontaine, Félix Duban, Léon Vaudoyer o Louis Duc a Parigi, trasmessa probabilmente allo stesso Perret, oltre che dall'esperienza quotidiana nella capitale francese, anche dall'insegnamento di Julien Guadet. All'interno delle loro ricerche infatti, e in questo vi è un punto di contatto con quella di Perret a Le Havre, sembra essere rintracciabile una tensione volta a indagare la possibilità di definire sistemi architettonici costituiti da successioni e sequenze di corti, la cui scala e complessità oltrepassa quella del semplice isolato storico. In questi progetti è infatti riconoscibile una disposizione di «entità architettoniche regolari, dai limiti definiti, dalle configurazioni geometricamente descrivibili, delle entità intelligibili, che è possibile denominare come 'stanze', indipendentemente da quelle che siano la loro forma e anche la loro destinazione»[22]. Archetipo di queste forme può essere considerata la Villa Giulia a Roma, oggetto di rilievi e studi da parte di Percier e Fontaine, che, strutturata in una sequenza simmetrica di tre corti, o 'stanze a cielo aperto', dotata ciascuna di una propria identità, costituì un probabile riferimento per il loro progetto di riunione del palazzo del Louvre e di quello delle Tuileries. Questo progetto, non realizzato, assunse comunque un valore paradigmatico nell'insegnamento all'*École des Beaux-Arts*, in quanto la sua influenza può essere riconosciuta nel progetto per l'*École* stessa, ad opera di Duban, che «non è tanto un edificio, quanto il quartiere di una città, una sorta di raggruppamento naturale di monumenti formanti piazze, strade, prospetti, tutti distinti e riconoscibili»[23]. Analoghi a questo sono l'intervento al *Conservatoire des arts et métiers* da parte di Vaudoyer, che strutturò una *promenade architecturale* composta da edifici e spazi, antichi o recenti, o ancora, quello di Duc al Palais de Justice, composto da un insieme di elementi inizialmente eterogenei, ricondotti alla forma di un manufatto unitario, articolato, ancora una volta, su un sistema di corti.

Gli isolati in questione, infine, presentano una significativa variazione tipologica delle proprie parti costitutive, edifici in linea e a torre, che si compongono secondo sintassi differenti ad evocare la complessità della città storica e a rendere intelligibili gli ordini di relazioni stabilite tra gli spazi residenziali, quelli urbani, e quelli aperti della natura, conferendo così all'isolato urbano una dimensione conforme a quella della 'grande città' contemporanea.

Quella che viene definita a Le Havre è dunque una grammatica degli spazi, messa a punto anche attraverso una sapiente ricerca tipologica, capace di risolvere coerentemente vaste piazze e corti raccolte, ariose strade e stretti vicoli, definita efficacemente da Lucan come 'pittoresco urbano'. Una grammatica che, come ha rilevato anche Abram, consente di conferire complessità allo spazio urbano:

> Gli "edifici a torre" e gli "edifici in linea" assumono il valore simbolico dell'isolato storico

Tav_FdmS.01: Front-de-mer Sud. Fotomontaggio con Rue de Rivoli.

chiuso. Ma questo trasferimento non si traduce in una perdita di senso. Le corti interne, anche se aperte, sono identificabili come delle vere "corti". Le strade restano delle vere "strade". Le piazze restano vere "piazze" e non spazi verdi indifferenziati. Gli edifici si articolano gli uni con gli altri attraverso operazioni di composizione semplici (attraverso disposizione, giustapposizione). […]. Gli isolati si differenziano su tutti i lati, non per forma, ma attraverso le relazioni che questi stabiliscono con gli elementi del tessuto urbano. […]. Le strade si distinguono le une dalle altre, i *boulevards* dalle *avenues*, le piazze dalle *esplanades*, i *passages* dalle gallerie. L'interno semi-privato degli isolati si differenzia dall'esterno. Il prospetto anteriore si distingue da quello posteriore, quello trasversale da quello laterale. La città costruisce così, poco a poco, la propria complessità[24].

Una grammatica, in conclusione, capace di dare forma concreta a un'idea di città che assumendo lo spazio urbano e quello naturale come due entità distinte ma complementari, svolge il loro rapporto reciproco attraverso un principio di *gradatio*, che ordina gli spazi aperti della natura e quelli dei luoghi collettivi della città, a loro volta concatenati a quelli contratti dei suoi spazi residenziali. Diviene dunque evidente che, se le prime Places Royales parigine, quali la Dauphine, des Vosges, des Victoires o Vendôme costituiscono i loro antecedenti tipologici, i luoghi di Le Havre individuino i propri antecedenti logici in quelle più tarde esperienze che già attraverso l'architettura dei giardini, se si pensa alle ricerche sviluppate da Le Nôtre, avevano cercato di dar forma all'esperienza dello spazio infinito. Sembra infatti possibile rintracciare un analogo principio di *gradatio* nel rapporto stabilito, nella reggia di Versailles, tra le dimensioni contratte delle radure dei suoi giardini con quelle straordinariamente dilatate del Grande Canale, e attraverso questa, grazie alle soluzioni di continuità della vegetazione, con lo spazio aperto e illimitato della natura, dove «il panorama sfuma in una campagna senza confini»[25].

III.2 Place de l'Hôtel de Ville: la piazza e le corti

Concepita[26] e realizzata tra il 1945 e il 1953, la Place de l'Hôtel de Ville è il centro civico della città e costituì il primo dei tre grandi complessi urbani avviati nella ricostruzione di Le Havre.

Dal confronto con le planimetrie della città nella sua fase prebellica è possibile riconoscere la sua collocazione nel medesimo luogo dell'omologa storica, ma è necessario sottolineare che nel progetto di Perret questa costituì una parte di un più articolato complesso composto dalla concatenazione assiale di spazi di differente significato e carattere. La Place de l'Hôtel de Ville, assieme all'Avenue Foch e alla Porte Océane, costruisce infatti un unico grande sistema che monumentalizza il piede della falesia fino al margine dell'oceano, forse memore di quegli interventi a scala urbana del XVIII° sec., di cui quello di Emmanuel Héré de Corny a Nancy costituisce un probabile riferimento per il maestro parigino[27]. All'interno di questo sistema la Place de l'Hôtel de Ville, nello specifico, costituisce quel luogo in cui la città, grazie alla straordinaria dilatazione dello spazio aperto[28], si rappresenta dinanzi alle ripide pendici della falesia del Bec-de-Caux.

La ricerca volta a definire la forma appropriata alla costruzione di questo luogo sembra manifestarsi con evidenza già dall'osservazione di alcuni progetti preliminari. Tutti questi, secondo un principio assunto dalla conformazione storica della città e confermato anche dal progetto finale, definirono fin da subito la piazza come uno spazio chiuso, cinto sul lato meridionale dalla cortina compatta degli isolati residenziali, e al cui interno, sul lato settentrionale, si sarebbe collocato il nuovo edificio dell'Hôtel de Ville, posto come un monumento isolato a concludere la prospettiva della Rue de Paris. Le analogie tra la forma storica della piazza e la sua ricostruzione sembrano chiudersi a questo punto.

Al di là infatti delle differenze tra i vari progetti e delle variazioni sopravvenute nelle varie fasi di studio tanto sul municipio che sulle residenze, tutte queste proposte manifestano una chiara volontà rifondativa del luogo, centrata sulla possibilità di stabilire nuove e più profonde relazioni, come nei casi già esaminati delle Places Royales, tra lo spazio della città e quelli della residenza. Tutti i progetti redatti proponevano infatti di sostituire la successione paratattica degli isolati a blocco che costruivano il margine della piazza storica con una forma unitaria e sicuramente più complessa[29]. Unitaria, perché conformata come una quinta chiaramente ordinata sull'asse di simmetria della Rue de Paris; complessa, in quanto i suoi isolati si conformano in rapporto allo spazio aperto introducendo delle variazioni tipologiche che esprimono la relazione di gerarchia tra lo spazio civico e quelli residenziali.

Lo stesso Perret aveva fissato alcuni punti inerenti il progetto, affermando:

> gli isolati non saranno delimitati in maniera continua che da locali commerciali al piano terra, ad eccezione di almeno un accesso per isolato. Degli edifici di 3 piani su piano terra (massimo ammissibile senza ascensore) sono disposti in bande parallele orientate da Est a Ovest e distanziate in maniera tale che le ombre portate reciprocamente sulle facciate non oltrepassino il limite del pavimento del primo piano, a gennaio, nel pomeriggio. Questa condizione non permette di soddisfare la densità elevata imposta dal programma. Quella restante dovrà essere dunque assorbita da edifici più alti, di un numero di piani sufficienti per giustificare degli ascensori[30].

All'interno di questo ambito, l'osservazione dei diversi progetti consente di riconoscere l'affinamento di una ricerca che, nel ricorso invariabile ai medesimi morfemi stabiliti dallo stesso Perret: edifici in linea, alti 3 o 4 piani, e a torre, alti tra i 10 e i 12 piani, sembra essere orientata alla definizione del più appropriato principio insediativo. Quello che varia, infatti, è la collocazione dei tipi edilizi, le loro relazioni reciproche e quindi il ruolo nella definizione dello spazio urbano, oltre che il suo stesso significato e carattere.

Le prime di queste riflessioni, formalizzate attraverso i progetti di Imbert, Hermant, Poirrier, Le Donné e Lagneau vedevano il ricorso ad edifici alti posti a concludere come quinte sceniche l'intero margine meridionale della piazza secondo un orientamento capace, stando alle considerazioni dei loro stessi autori, di garantire le migliori condizioni di soleggiamento per gli alloggi. Soluzione, questa, che venne abbandonata, in quanto «la grande quinta costituita da questi alti edifici sarebbe stata per la maggiorparte del tempo controluce e avrebbe, in questo modo, 'rattristato' i giardini de l'Hôtel de Ville e sopraffatto con la propria massa oscura i futuri edifici municipali»[31].

Queste ragioni, che solo ad una prima lettura riguardano le questioni tecniche ed igieniche di aeroilluminazione, contengono in realtà delle significative implicazioni legate al carattere dello spazio aperto e all'economia complessiva della sua forma.

In una seconda fase della ricerca, infatti, «l'orientamento più favorevole per gli appartamenti, che era evidentemente il meno favorevole per gli spazi aperti a loro vicini ha fatto abbandonare, malgrado tutti i vantaggi, la soluzione con edifici disposti secondo uno sviluppo Est-Ovest, per degli edifici orientati Nord-Sud»[32].

La sopraggiunta eventualità di ampliare il programma degli *Immeubles d'État* anche ai lati adiacenti della piazza, fino all'altezza del Boulevard de Strasbourg e dell'Avenue Foch, determinò inoltre quelle proposte, avanzate attraverso i progetti di Le Donné, Lagneau e Lambert, di Poirrier e di Hermant, in cui bassi isolati a corte costruivano il lato meridionale della piazza e due edifici alti ai suoi lati, come capisaldi agli angoli, ne misuravano la sua grande ampiezza. Scartate anche queste soluzioni a causa della sproporzione degli edifici alti in rapporto all'insieme della piazza, il progetto finale vide la distribuzione della densità richiesta su un numero maggiore di torri, in questo caso più basse delle precedenti.

Rispetto ai progetti già esaminati, in questa configurazione, corrispondente a quella attuale, variano ancora sia il ruolo attribuito a ciascuno di questi morfemi, isolati a corte e torri, che le relazioni stabilite tra le residenze e il municipio nella costruzione dello spazio urbano. La piazza è infatti definita da un lato dall'edificio-portico dell'Hôtel de Ville e dalla sua torre isolata, posti a costruire il piede della falesia; dall'altro un sistema di isolati a corte e torri residenziali che cingono, attraverso la propria concavità, la sua parte meridionale. La tensione tra queste due parti, civica e residenziale, è misurata dalla straordinaria dilatazione dell'Avenue Foch, che introduce la sequenza di spazi che si conclude prospetticamente su quel frammento dell'orizzonte atlantico inquadrato in lontananza dalla Porte Océane.

Le torri dichiarano l'eccezionalità del luogo e ne definiscono con chiarezza il significato attraverso la loro forma e le reciproche relazioni. Quelle residenziali, come un 'castello', circoscrivono ritmicamente e simmetricamente rispetto alla Rue de Paris il grande spazio aperto della piazza; quella del municipio, isolata e collocata asimmetricamente a introdurre all'Avenue Foch, manifesta, come un *beffroi*, il valore civico del luogo.

Il loro arretramento, in rapporto tanto agli edifici residenziali quanto all'Hôtel de Ville, attribuisce esclusivamente a questi la costruzione del limite che qualifica lo spazio della piazza come un interno, e ne misura lo spessore del perimetro. Gli edifici residenziali si costituiscono infatti come uno recinto abitato, cavo e più o meno permeabile, che ospita una serie di corti alberate, chiaramente individuate come tali grazie all'articolazione e alla continuità della parte basamentale. Queste sono ordinate secondo giaciture differenti che ne enfatizzano la rispettiva autonomia e sono legate reciprocamente da percorsi a meandro che, sviluppandosi attraverso gli intervalli tra le parti o per mezzo di varchi aperti all'interno della cortina edilizia, individuano le soglie secondo forme e caratteri differenti.

L'articolazione planimetrica degli edifici, seppur contraddistinta da una pervasiva continuità tra le parti, specialmente alla quota basamentale, rende ragione di un rapporto di paratassi tra gli elementi. Eloquenti sono infatti tanto la collocazione dei varchi, che discretizzano il basamento nei punti angolari dei singoli recinti, quanto le condizioni d'angolo, risolte da un lato attraverso una disposizione a girandola, dall'altro nell'individuazione di una sintassi che nella progressiva apertura dell'isolato al di sopra del basamento, rende individuabile ciascuna delle parti costitutive, nonostante la loro contiguità.

L'ordine individuato dalla collocazione simmetrica degli edifici a torre è declinato attraverso la variazione topologica degli edifici che costruiscono il loro basamento. L'affaccio sullo spazio monumentale della piazza è definito infatti da una maggiore compattezza e continuità del limite, che lascia solo intuire la com-

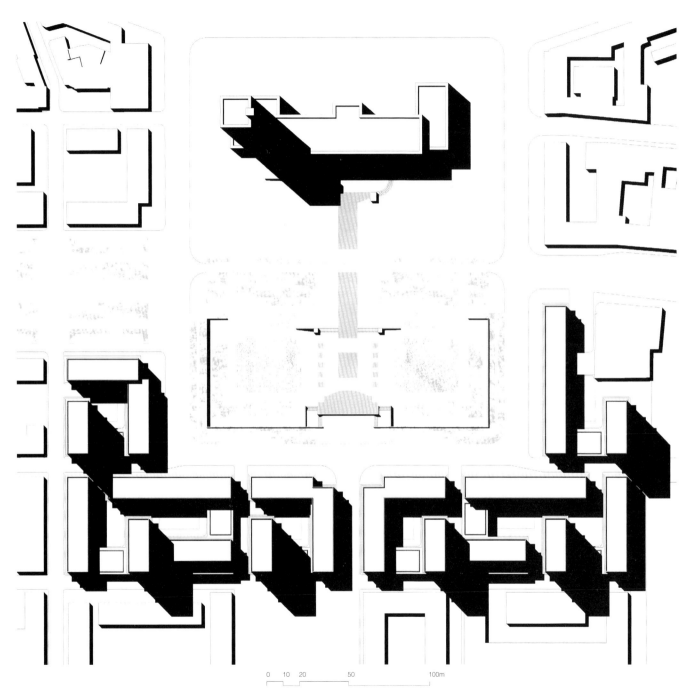

Tav_PHdV.02: Place de l'Hôtel de Ville. Planivolumetrico.

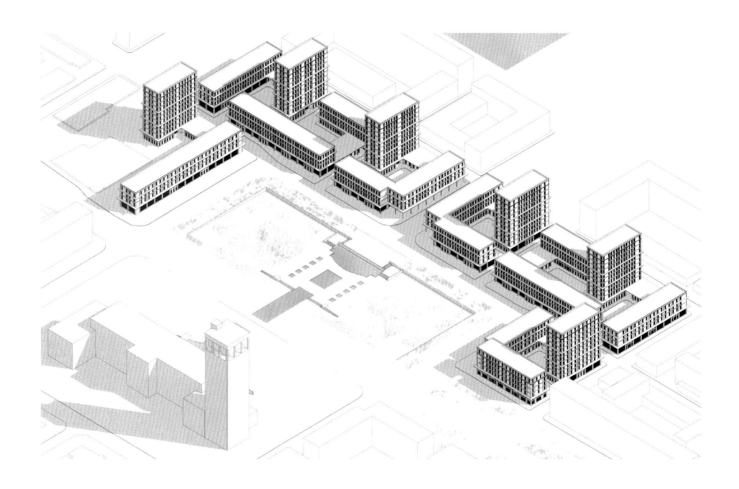

Tav_PHdV.03: Place de l'Hôtel de Ville. Assonometria.

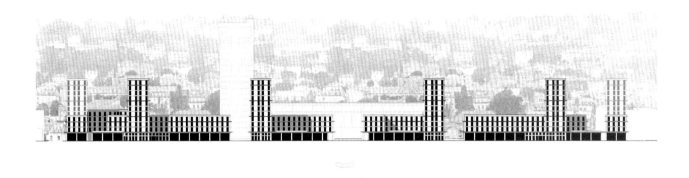

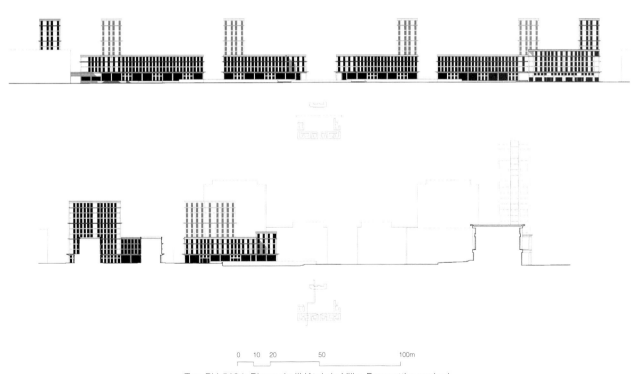

Tav_PHdV.04: Place de l'Hôtel de Ville. Prospetti e sezioni.

Tav_PHdV.05: Place de l'Hôtel de Ville. Prospettiva del complesso I.S.A.I..

Tav_PHdV.06: Place de l'Hôtel de Ville. Prospettiva dal complesso I.S.A.I..

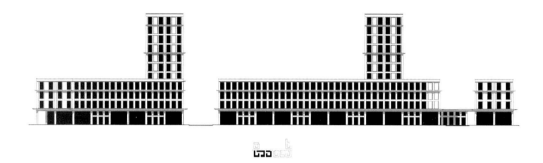
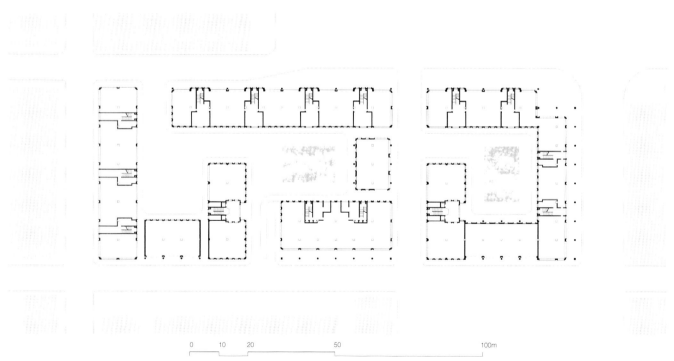

Tav_PHdV.07: Place de l'Hôtel de Ville. Isolato urbano. Prospetto sulla Place de l'Hôtel de Ville, pianta del piano terra.

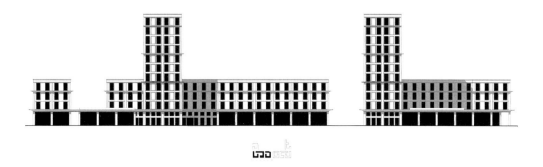
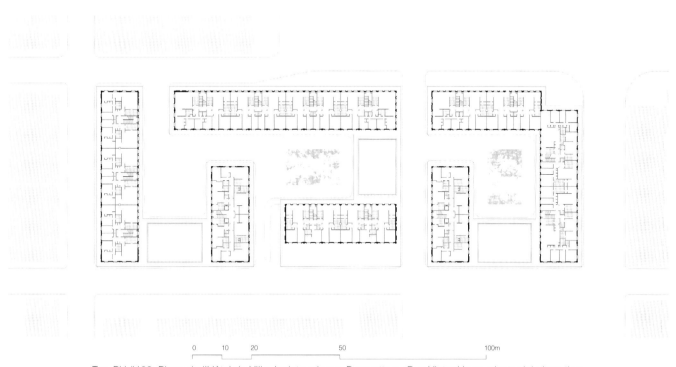

Tav_PHdV.08: Place de l'Hôtel de Ville. Isolato urbano. Prospetto su Rue Victor Hugo, pianta del piano tipo.

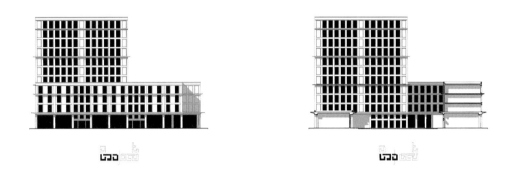

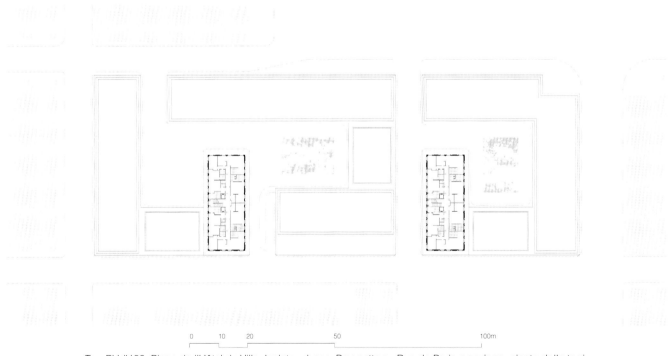

Tav_PHdV.09: Place de l'Hôtel de Ville. Isolato urbano. Prospetto su Rue de Paris e sezione, pianta delle torri.

Tav_PHdV.10: Place de l'Hôtel de Ville. Prospettiva di una corte residenziale.

plessità dello spazio interno. Il fronte sulla Rue de Paris è caratterizzato invece da una successione di portici, che relazionano l'ordine gigante dell'Hotel de Ville con i loggiati che il Front-de-mer Sud costruisce sulla Senna. L'affaccio sullo spazio più domestico e misurato della Rue Victor Hugo, posta a meridione, è invece caratterizzato, contrariamente al primo, da una articolazione volumetrica che apre e rende chiaramente visibile la successione delle corti residenziali. L'unico edificio in linea che costruisce il margine meridionale dell'isolato arretra rispetto agli edifici a torre tra i quali è compreso, per qualificare, attraverso questo scarto, la soglia che permette l'accesso all'interno delle corti. L'allineamento con le torri che lo inquadrano, e quindi la continuità della cortina stradale, è conseguita attraverso un profondo portico, giustapposto all'edificio, cui corrispondono al piano superiore una serie di balconate che rimarcano il carattere di domesticità, e definiscono l'affaccio di questi alloggi sulla strada.

Questa idea di spazio, che qui forse consegue una ricchezza non superata dagli altri grandi interventi nella città, sembra essere capace di individuare un ordine e di ricorrere al contempo alle sue variazioni, contemplando la coesistenza di spazi di differente significato e carattere. All'*enfilade* o all'assialità che struttura prospetticamente lo spazio collettivo, allo scopo di coglierne sinteticamente la sua vastità, contrappone infatti la *promenade* dei vicoli e delle corti residenziali che, pur mantenendone l'unitarietà, frammenta lo spazio in una molteplicità di sequenze e punti di vista, che gli conferiscono un carattere di domesticità maggiore.

Un'ultima considerazione meritano le grammatiche definite per la costruzione dello spazio centrale della piazza. La sua grande dimensione è controllata secondo modalità che tendono ad individuare analiticamente le sue parti costitutive, e che forse, con le differenze dovute alle particolarità dei casi, potremmo riconoscere come analoghe a quelle definite da Gabriel per Place de la Concorde a Parigi. Tanto nell'esempio parigino nella sua conformazione originaria quanto in quello della città atlantica è infatti possibile osservare la disgiunzione dello spazio centrale della piazza da quello periferico delle strade, nel primo caso ottenuta con l'interposizione di un profondo fossato che le isolava reciprocamente pur mantenendole complanari, nel secondo con un'articolazione del suolo che individua da un lato le strade che corrono perimetralmente, dall'altro un sistema moltiplici luoghi posti nella sua parte centrale, contigui alle prime ma posti a quote differenti rispetto a queste.

Come nell'esperienza di alcune delle Places Royales parigine inoltre, se si pensa ai giardini di Place Dauphine o di Place des Vosges, la rappresentazione dell'identità e del carattere del luogo è conseguita anche attraverso la declinazione delle forme che la natura può assumere, addomesticata e introiettata all'interno della forma urbana. Le forme che ordinano la parte centrale della piazza sono infatti fortemente caratterizzate da un sistema di giardini, che confermano e ribadiscono le relazioni che questo luogo stabilisce con la natura, secondo quella tradizione che ha le proprie radici nelle esperienze di Le Nôtre. L'area centrale, infatti, è caratterizzata da una successione di spazi di differente carattere, che rimarcano il valore civico del luogo nella forma del podio su cui si colloca l'Hôtel de Ville, o echeggiano la naturalità della falesia nelle forme di un prato o di filari di alberi.

Ciascuno di questi spazi è concluso, reso riconoscibile, e ricondotto a una scala di ordine minore rispetto alla vastità della piazza attraverso quei punti di discontinuità che consentono al contempo di regolare l'articolazione del suolo ma anche di traguardare l'orizzonte naturale dell'Oceano e dell'estuario della Senna. Significative sono infatti, nel riconoscimento delle relazioni che ordinano questa complessità spaziale, anche quelle sensibili variazioni altimetriche che raccordano la quota sopraelevata dell'Hôtel de Ville a quella inferiore, dei giardini prossimi alle residenze, lungo il margine meridionale della piazza. L'unitarietà di questa concatenazione di giardini e podii è conseguita ed enfatizzata anche attraverso una successione lineare di vasche che, dal piede dell'Hôtel de Ville fino alle residenze sul margine meridionale, introiettano nella piazza le forme dell'acqua, riverbero dei vicini bacini portuali e del più vasto oceano[33].

III.3 Porte Océane: l'internità dell'esterno

Concepita[34] e realizzata tra il 1950 e il 1956, la Porte Océane

> conclude verso il mare il complesso architettonico formato dalla Place de l'Hôtel de Ville e dall'Avenue Foch. Raccordandosi verso Sud al quartiere del Perrey-Nord, la porta e il fronte di questo quartiere costituiscono il nuovo Front-de-mer Ovest di Le Havre, che si sviluppa dai cantieri navali Augustin-Normand fino al punto di giunzione della spiaggia e delle banchine del porto. […] Questo profilo della città, visto dal mare, sarà completato dalla Tour de l'Hôtel de Ville e da quella della chiesa di Saint-Joseph, che raggiungeranno i 100 metri[35].

Come già anticipato, la Porte Océane conclude quel più vasto complesso monumentale che attraverso l'Avenue Foch e la Place de l'Hôtel de Ville si irradia dalla falesia nel cuore della città fino alla costa dell'Atlantico, e questa, nello specifico, dà forma al rapporto stabilito gli spazi interni della prima e quello aperto ed esterno dell'oceano.

L'osservazione delle planimetrie storiche della città mostra l'assenza, o meglio l'incompiutezza di questo punto nella conformazione urbana del primo novecento, e per questo si potrebbe sostenere che la sua necessità all'interno del progetto di Perret, nonché la novità rispetto alla storia stessa della città si siano determinate da ragioni di ordine simbolico e formale, estranee rispetto alla volontà di evocare le sequenze spaziali della città distrutta.

Ragioni di ordine simbolico perché questa sembra in un certo senso riassumere e anticipare il più intimo carattere 'portuale' della città, e costituirsi come una porta urbana non solo della città atlantica, ma anche «della Francia e dell'Europa»[36]. Il suo valore emerge infatti con chiarezza dalle parole dello stesso Hermant, che aveva affermato: «questo insieme sarà la prima visione della città di Le Havre per i passeggeri dei transatlantici che arriveranno in Francia»[37], o ancora, ribaltando il punto di vista e osservandola dall'interno della città: «è dalla Porte Océane che con un solo sguardo si scorge il mare aperto verso Ovest e si segue la rotta dei piroscafi che entrano nel porto»[38].

Ragioni di natura formale, perché, come accennato, derivanti dal riconoscimento di una condizione irrisolta nella conformazione storica della città, che in questo punto nevralgico vedeva il confronto di diverse giaciture del tessuto urbano, ma soprattutto la conclusione dell'Avenue Foch sull'oceano senza una soluzione adeguata.

Per questi motivi sembra possibile sostenere che già i primi progetti dell'*Atelier* abbiano dichiarato, seppur timidamente, la necessità di conferire a questo luogo una forma e un valore del tutto nuovo rispetto a quello assunto nella città storica, e le proposte dei vari Hérmant, Imbert, Lambert, nonché quella del febbraio 1946, lo definiscono nelle forme di una piazza aperta su di un lato, circoscritta dagli isolati o delimitata da un emiciclo di colonne, o ancora, in quelle di un diaframma colonnato teso linearmente tra due edifici, probabilmente a corte[39], per quanto ci sia consentito riconoscere dai disegni pervenuti.

Successivamente a questa prima fase di ricerca, la fondazione del progetto sembra essere rintracciabile, nei termini con cui questo si costituisce nella sua configurazione finale, nella proposta del luglio 1946, che pur nella diversità rispetto a quest'ultima mostra non pochi punti di contatto, che ci consentono di riconoscere in essa il concepimento del tema. Questa infatti occludeva lo sviluppo dell'Avenue Foch sull'oceano con un isolato posto trasversalmente al suo asse, come a manifestare la necessità di una più perentoria chiusura rispetto ai loggiati della soluzione precedente. Soprattutto però, e in questo risiedono le ragioni del nostro interesse, vedeva la collocazione, al di sopra della massa compatta degli isolati, di due edifici a torre posti simmetricamente rispetto all'Avenue Foch a individuare la porta della città e orientati in modo tale da formare, oltre a un ulteriore protezione dai venti dominanti, anche una quinta monumentale che costruisce una relazione a distanza con le torri lontane della Place de l'Hôtel de Ville[40].

Fissati questi due principii, quello della chiusura dello spazio interno della città attraverso gli isolati e della sua rappresentazione nelle forme di una porta urbana attraverso le torri, tutti gli studi sviluppati a partire da questa proposta sembrano volti alla definizione della sintassi appropriata alla sua costruzione. Nelle diverse conformazioni degli isolati e nei differenti rapporti stabiliti con le torri variano infatti le forme dello spazio urbano, pubblico e residenziale, nonché i rapporti stabiliti con lo spazio esterno dell'oceano.

Uno dei primi studi assonometrici vedeva infatti le corti al piede delle torri conformarsi come spazi chiusi, totalmente introverse rispetto all'adiacente Avenue Foch, che terminava sulla Porte Océane senza variazioni di forma, ignorando quindi l'innesto del Boulevard François Ier. giaciture. Il rapporto con l'oceano viene stabilito attraverso un basamento continuo e chiuso alla quota del suolo su cui sono collocati due edifici in linea, intervallati da un varco coincidente con l'asse di simmetria del complesso, attraverso cui è possibile traguardare lo spazio esterno da una quota sopraelevata rispetto a quella della strada, raggiungibile per mezzo di un sistema di gradonate.

Ulteriori proposte indagarono la possibilità di concludere lo sviluppo dell'Avenue Foch aprendo verso la strada le corti poste al piede degli edifici a torre, e focalizzarono l'attenzione soprattutto sulle forme del varco, allo scopo di definire condizioni di maggiore o minore apertura. Quest'ultimo è individuato, ad esempio, secondo una soluzione molto simile alla precedente, da una cesura che discretizza la cortina edilizia ad eccezione del suo basamento, reso però in questo caso permeabile da un diaframma di colonne; o in un altro, da un loggiato ricavato alla quota basamentale di un fronte compatto e continuo; o ancora, da una soluzione di continuità che interrompe l'edificato da terra a cielo.

Il progetto finale riconobbe nell'ultima la soluzione più appropriata, ma soprattutto portò a compimento la riflessione avviata sulla forma degli isolati e su quelle dello spazio residenziale e urbano. Questo si conforma infatti come una piazza delimitata da isolati ed aperta nella misura di un varco posto lungo il suo asse di simmetria. Il varco, inquadrato e ribadito da due edifici a torre che marcano «l'arrivo a mare della strada principale di Le Havre»[41], consente di introiettare un frammento dell'orizzonte oceanico, che «vuol essere un richiamo al mare aperto, ma d'altra parte è abbastanza stretto perché l'intero gruppo funzioni da schermo contro il vento dell'Ovest»[42].

Ai margini della piazza, ai piedi dei due edifici a torre, si dispongono due corti aperte, poste a concludere lo sviluppo sull'Avenue Foch e a guardarsi reciproca-

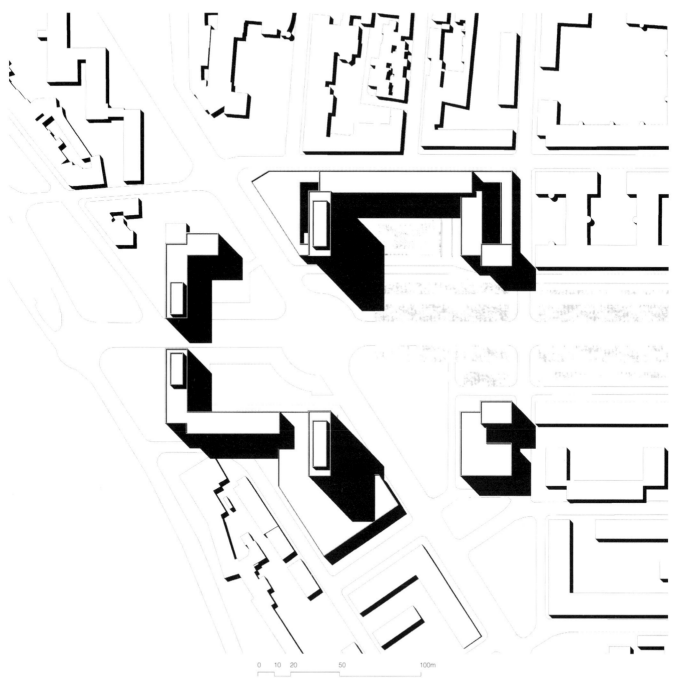

Tav_PO.02: Porte Océane. Planivolumetrico.

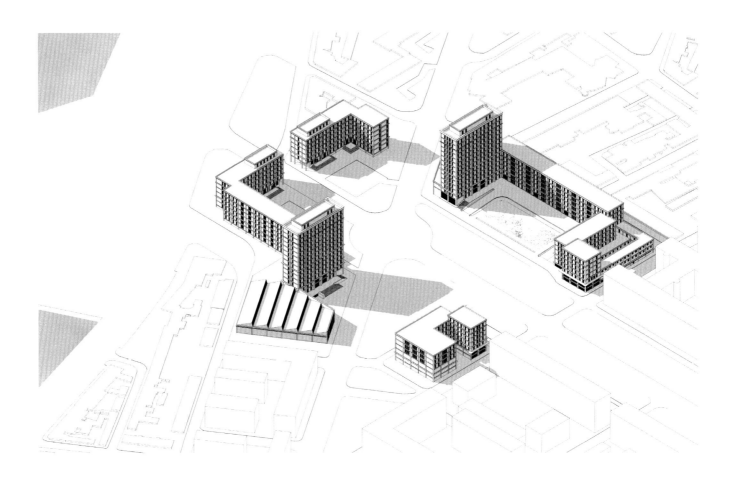

Tav_PO.03: Porte Océane. Assonometria.

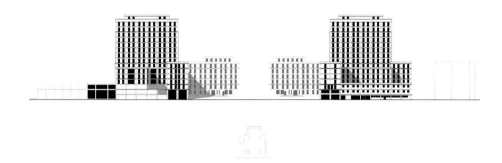

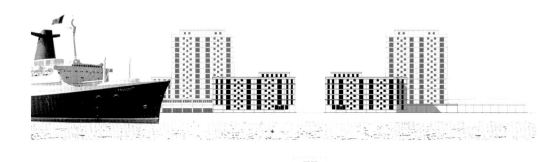

Tav_PO.04: Porte Océane. Prospetti e sezioni.

Tav_PO.05: Porte Océane. Prospettiva dall'Avenue Foch.

Tav_PO.06: Porte Océane. Prospettiva dall'Oceano.

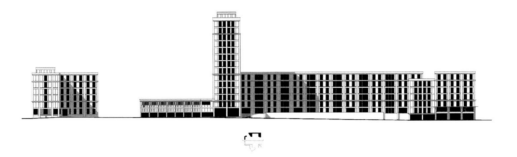

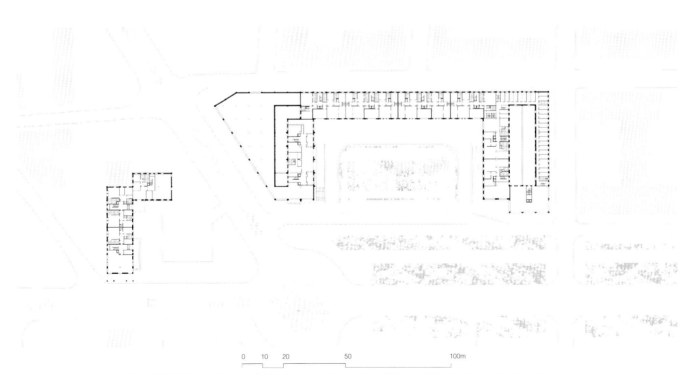

Tav_PO.07: Porte Océane. Isolato urbano. Prospetto sull'Avenue Foch, pianta del piano terra.

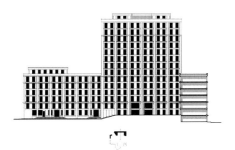

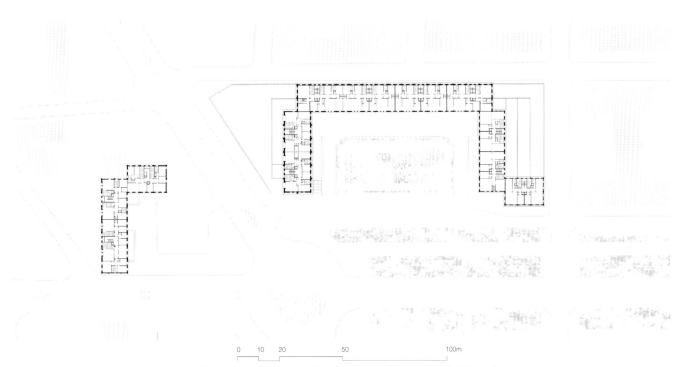

Tav_PO.08: Porte Océane. Isolato urbano. Sezione, pianta del piano tipo.

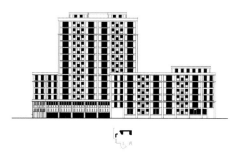
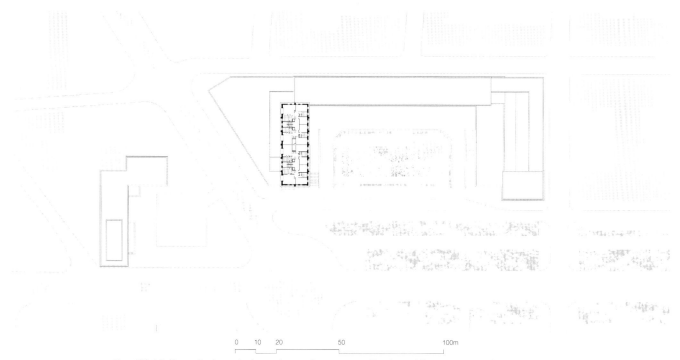

Tav_PO.08: Porte Océane. Isolato urbano. Prospetto su Boulevard Clemenceau, pianta della torre.

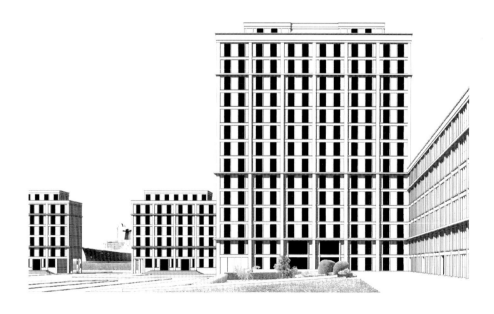

Tav_PO.10: Place de l'Hôtel de Ville. Prospettiva di una corte residenziale.

mente. Di queste, la prima, più completa nella sua forma, manifesta la propria alterità rispetto alla strada su cui si affaccia grazie a una variazione di quota che la distingue, sopraelevandola, dallo spazio della città; la seconda invece, posta alla quota stradale, si apre e frammenta per accogliere l'innesto del Boulevard François Ier.

Anche se chiaramente riconducibili all'interno di quest'ordine generale, gli isolati, come si intuisce, sono tutti differenti tra loro per variazioni topologiche, che tengono conto della complessità propria di questo punto nevralgico della forma urbana.

Questi si compongono di una parte basamentale, che occupa estensivamente tutta la superficie disponibile compresa tra le strade e si deforma per accogliere le giaciture di entrambi i tessuti. Ne consegue in alcuni punti una grande estensione dell'isolato stesso, risolta, come ad esempio in quello a nord dell'Avenue Foch, attraverso la definizione di spazi aperti al suo interno. In questo sono infatti ricavate, come per sottrazione di materia, la grande corte aperta sulla strada e dei *cul-de-sac* che dalla Rue Béranger, sul retro, raggiungono il cuore dell'isolato senza attraversarlo nella sua interezza, enfatizzando così il suo carattere massivo.

Al di sopra di questa parte basamentale si collocano gli edifici a torre e quelli in linea, che seguono il profilo della piazza e delle corti non adeguandosi alle diverse giaciture delle strade, e pur nella loro contiguità, esprimono, attraverso soluzioni d'angolo adeguate e differenti altezze dei corpi di fabbrica, la grammatica di paratassi che li relaziona reciprocamente.

III.4 Front-de-mer Sud: la costruzione del limite

Costituendo la parte più antica della città, il fronte mare di Le Havre è stato fin dalla fondazione delle prime banchine portuali un luogo pregno di significato, in cui si è quotidianamente rappresentata, ripetendo le parole di Valery, l'"emozione del distacco da terra'. È il luogo, cioè, in cui la città aveva in un certo senso consapevolezza della sua stessa origine e della sua vocazione, caricato nel tempo di suggestioni nuove e molteplici, che rendono conto della ricchezza che l'immaginario collettivo aveva condensato attorno agli specchi d'acqua dei suoi bacini portuali. Si pensi ad esempio alle rappresentazioni offerte dai vari Eugéne Boudin, Camille Pissarro, Claude Monet o Marcel Carné, per ricordarne alcuni, che avevano colto la vita traboccante tra le case e le vele, o le variazioni della luce di Normandia al levare del sole, o ancora la nebbia e l'oscurità della notte nei suoi vicoli, in attesa di una partenza clandestina per l'America del Sud.

Il confronto tra le forme particolari di quel fronte mare e la sua ricostruzione nel progetto di Perret mostra delle significative variazioni, che nella volontà da parte del maestro parigino di non ricalcarne anacronisticamente la forma, e forse anzi proprio nel rifiuto di coglierne l'aspetto più pittoresco e superficiale, aspirano al riconoscimento del senso più profondo di questo luogo.

Da una prima osservazione del progetto perretiano è chiaro il costituirsi del Front-de-mer Sud come parte di quel tessuto che, come si è già osservato, definisce il margine della città in continuità con la compatta cortina che lo lega alla Porte Océane[43]. Oltre questo dato puramente concreto e immediatamente verificabile, le sue modalità costitutive aprono una serie di questioni, sulle quali si intende soffermarsi, relative tanto al significato e alle reciproche relazioni tra lo spazio naturale e quello della città, quanto alle forme con cui si esplicano le possibilità espressive della sua condizione liminare lungo l'estuario della Senna.

Nella sua nuova dimensione, come si vedrà meglio in seguito, la costruzione di questo luogo della città sembra innanzitutto dare un significato più chiaro all'opposizione reciproca tra le rive dell'Alta e della Bassa Normandia, opposizione in virtù della quale è possibile interpretare lo spazio tra esse compreso come una 'stanza' territoriale, contraddistinta cioè da un carattere di internità. Dall'altro lato, inoltre, il Front-de-mer Sud porta all'estuario della Senna la distesa del paesaggio urbano retrostante, ed è anzi attraverso questo che la città sceglie di rappresentarsi dinanzi al fiume e di svelare la propria identità portuale affacciandosi sui bacini collocati lungo il tratto terminale del suo corso.

È probabilmente per queste ragioni che fin dai primi progetti dell'*Atelier* il Front-de-mer sembra definirsi come un episodio monumentale all'interno del tessuto urbano, luogo in cui la città avrebbe mostrato la propria collocazione su quel basamento formante «una facciata simile a quella che si vede ad Algeri e che fa di questa città forse il più bel porto del mondo»[44], e disposto sulla sua sommità una serie di edifici a torre funzionalmente legati a questo, che avrebbero costituito «i monumenti della città, e accompagnato le navi fino alla loro entrata nel porto»[45].

All'interno di questi studi, particolarmente indicativa appare una prima soluzione, che sembra introdurre delle questioni ancora parzialmente riconoscibili anche nel progetto finale. Questa, presentata da Le Donné e Lagneau, e datata al 7 novembre 1945, manifesta non poche analogie con uno di quei disegni per le Villes-Tours dei primi anni '20 in cui una successione lineare di quattro torri, raccordate tra loro attraverso un grande basamento abitato e pensiline sopraelevate, costruiva un fronte urbano sul mare. La proposta in questione definisce infatti il fronte per mezzo di un grande basamento sul quale sono collocati due coppie di torri poste a inquadrare simmetricamente un edificio, probabilmente ad aula, con un fronte porticato. Immediatamente oltre, un lungo edificio in linea costruisce un fronte unitario, compatto verso il fiume e articolato sul retro da una successione binata di bracci ortogonali che definiscono una sequenza di corti aperte e strade che riammagliano il centro monumentale col tessuto urbano immediatamente retrostante.

Una seconda soluzione, elaborata da Lambert e datata all'8 marzo 1946, provò ad indagare un nuovo tema, eliminando gli edifici a torre e dichiarando la possibilità di risolvere il fronte sul mare attraverso un unico, grande edificio monumentale, posto ancora su basamento, e articolato in modo tale da definire una vasta piazza chiusa verso l'Oceano e aperta lungo la foce del fiume.

L'impossibilità di collocare la città su un basamento e di mostrare questa condizione sul fronte a mare comportò forse anche la messa in discussione dell'idea dell'edificio specialistico, accompagnato o meno da torri, e collocato sul podio.

In un'ulteriore soluzione infatti, prossima a quella definitiva e datata al 5 dicembre 1950, sembra manifestarsi, per la prima volta, la possibilità di costruire questo luogo attraverso un unico fronte residenziale, sviluppato lungo una strada che avrebbe costituito il luogo d'affaccio della città, e punteggiato da due edifici a torre collocati a inquadrare, come una porta urbana, la piazza a conclusione della Rue de Paris. Questa cortina avrebbe costruito perentoriamente un margine compatto, interrotto solo dallo sbocco del boulevard François Ier e dalla piazza, oltre il quale l'iterazione seriale e monotòna di corpi in linea, questa volta disgiunti dal corpo del fronte, avrebbe definito una successione di corti residenziali aperte verso la città retrostante.

Il progetto finale, che mostra chiaramente un rapporto di gemmazione da questa proposta, si costituisce come un edificio-muro lungo il quale si dispongono due edifici a torre, posti però in un rapporto più dilatato rispetto a quelli della versione precedente, evocativo piuttosto delle torri e dei bastioni di una cinta muraria. Se le torri interpretano la grande scala dell'estuario e dichiarano il valore urbano del luogo, il suo carattere di internità sembra invece essere tradotto attraverso la definizione di una serie di loggiati posti alla quota basamentale del lungo *redent*, capaci al contempo di concludere lo spazio della città e di aprirlo dinanzi ai bacini portuali.

A differenza della Place de l'Hôtel de Ville e della Porte Océane, conformate entrambe come due piazze, questo progetto porta a compimento il tema della strada come luogo d'affaccio della città, in una misura del tutto analoga al progetto di Percier e Fontaine per il primo segmento di Rue de Rivoli a Parigi, definita da un manufatto unitario posto solo su un lato del suo sviluppo, allo scopo di costruire, attraverso i suoi portici, l'affaccio della città sui giardini delle Tuileries[46].

Oltre l'evidenza di un'analogia non solo tipologica ma per certi versi anche formale con il paradigma parigino, il fronte mare della città atlantica assume una maggiore complessità, dovuta alla necessità di ricondurre all'interno di una forma unitaria la composizione delle diverse e molteplici parti che ne costituiscono lo sviluppo. Il fronte si presenta infatti articolato in tre segmenti paralleli ma sfalsati tra loro, che oltre a determinare un migliore adeguamento alle banchine portuali, si definiscono ciascuno come corrispondenti a tre distinte parti della città immediatamente retrostanti, e dotati quindi ognuno di un carattere proprio e riconoscibile.

Il primo di questi, posto più in prossimità all'accesso del porto e corrispondente al vecchio quartiere dei cantieri navali del Perrey, si caratterizza per una maggiore compattezza e continuità, analogamente agli edifici che la collegano alla Porte Océane e chiudono la città verso lo spazio aperto dell'Atlantico. L'intervallo definito tra questa e la parte adiacente, corrispondente alla sezione del boulevard François Ier, rende chiaramente percepibile nelle forme dei *redans triangulaires* la condizione di tensione tra le due maglie ortogonali che compongono la forma urbana, e consente di stabilire una significativa relazione visiva con il campanile di Saint Joseph in primo piano e le torri della Porte Océane sullo sfondo.

Il secondo, quello centrale, corrisponde al più antico quartiere di Notre Dame, nucleo originario della città, e si definisce con un carattere di maggiore aulicità, ricercato verosimilmente in ragione della relazione stabilita l'ordine gigante dell'Hôtel de Ville in lontananza. Questo infatti si articola simmetricamente attorno a una piazza centrale che, individuata da due altane, conclude la Rue de Paris e relaziona il bacino portuale alla Place de l'Hotel de Ville. Il rapporto tra questi spazi sembra essere definito anche tramite una ricerca di continuità nel linguaggio della costruzione e quindi nel carattere dello spazio urbano, definito dall'iterazione e declinazione di quei porticati che a partire dall'ordine gigante dell'Hôtel de Ville, per proseguire con quello che scandisce la Rue de Paris, arrivano a definire con le forme di un loggiato, ricavato all'interno dello spessore dell'edificato, l'affaccio di questa parte di città sulla foce del fiume.

La terza parte conclude lo sviluppo del fronte verso il Bassin du Roy, individuato attraverso la collocazione di un corpo, individuato dallo stesso *Atelier* col nome di 'postierla', che si configura planimetricamente come le due torri, ma che si eleva un piano oltre l'altezza del *redent*. Questo assume, nell'ulteriore variazione dei suoi porticati, questa volta aggettanti rispetto all'edificio, un carattere di domesticità maggiore rispetto al segmento centrale immediatamente adiacente.

Ciascuno di questi tre segmenti si lega reciprocamente agli altri attraverso i due edifici a torre, che si configurano anche formalmente come punti di cerniera tra le parti che costituiscono il *redent* e costruiscono delle risonanze con le 'altane' e la 'postierla', che po-

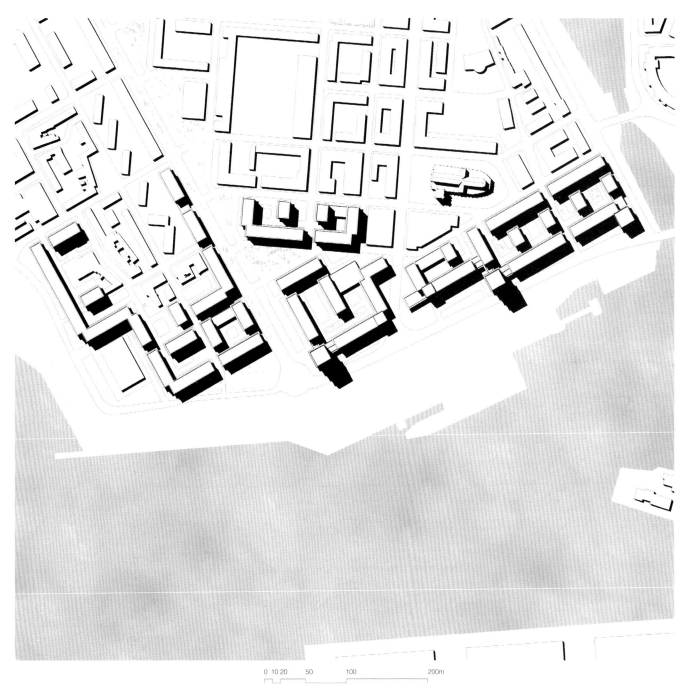

Tav_FdmS.02: Front-de-mer Sud. Planivolumetrico.

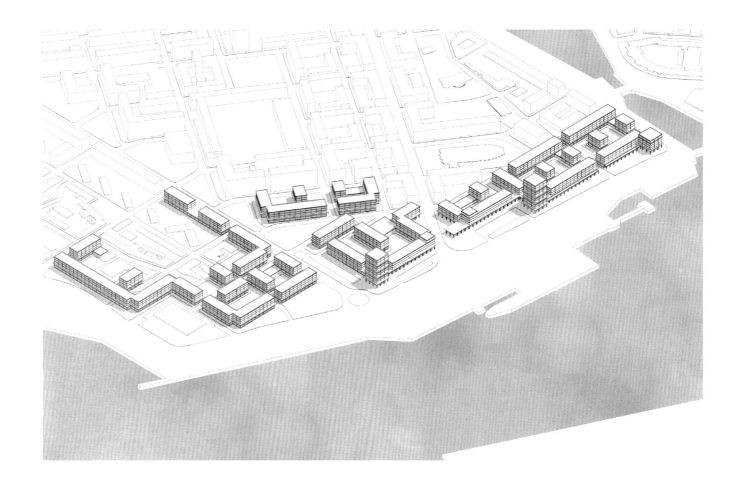

Tav_FdmS.03: Front-de-mer Sud. Assonometria.

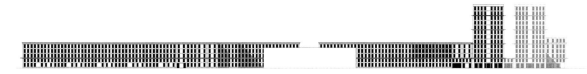

Tav_FdmS.04: Front-de-mer Sud. Prospetti e sezioni.

Tav_FdmS.05: Front-de-mer Sud. Prospettiva dal porto.

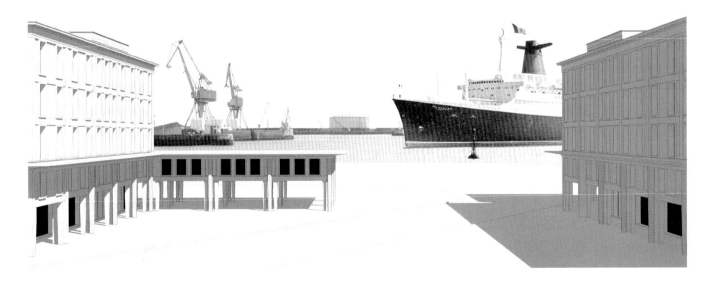

Tav_FdmS.06: Front-de-mer Sud. Prospettiva della Placette.

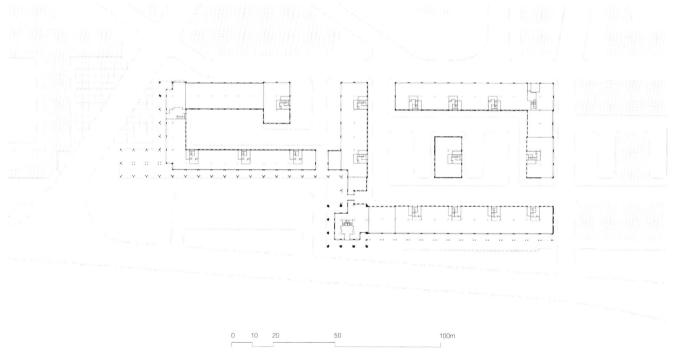

Tav_FdmS.07: Front-de-mer Sud. Isolato urbano. Prospettio su Quai de Southampton, pianta del piano terra.

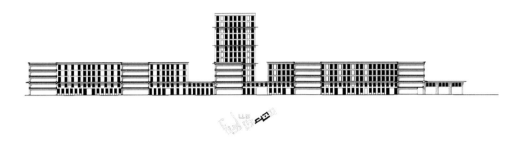
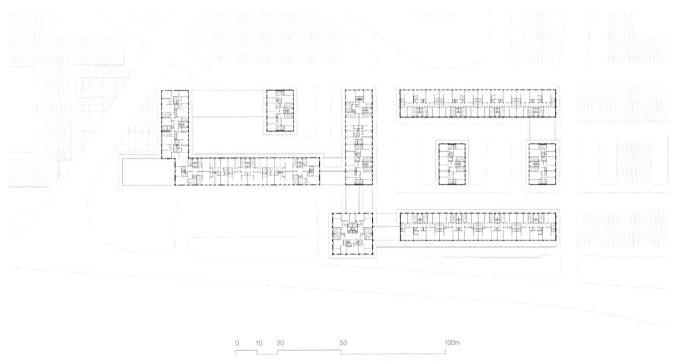

Tav_FdmS.08: Front-de-mer Sud. Isolato urbano. Sezione, pianta del piano tipo.

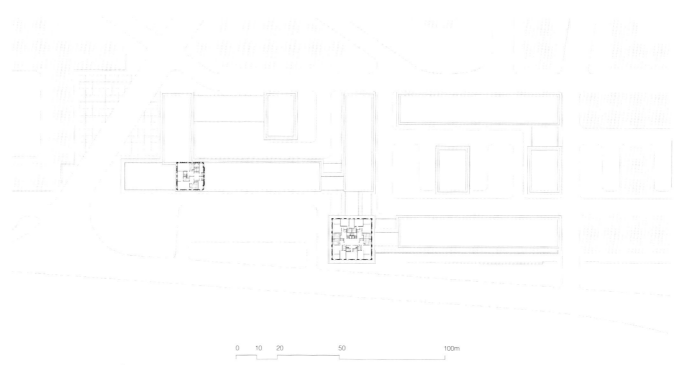

Tav_FdmS.09: Front-de-mer Sud. Isolato urbano. Prospetto sulla Placette e sezione, pianta della torre e dell'altana.

Tav_FdmS.10: Front-de-mer Sud. Prospettiva di una corte residenziale.

nendosi come articolazioni del margine individuano, a una scala minore, i punti cospicui del fronte sul mare.

Oltre questo limite unitario si dispongono serialmente dei corpi in linea che, legati reciprocamente attraverso i propri basamenti, definiscono una successione di corti residenziali contraddistinte da un condizione di internità, che non preclude comunque la possibilità di stabilire una relazione di continuità con lo spazio urbano immediatamente adiacente e quello aperto dell'estuario della Senna, conseguita attraverso le forme delle strade che relazionano le corti al tessuto retrostante e di quei passaggi che garantiscono l'accessibilità dai loggiati del porto. Al di sopra della quota basamentale si fa chiara l'articolazione del sistema per parti i cui intervalli ribadiscono la compattezza del fronte sul mare e ne aprono gli spazi alle sue spalle, consentendo anche di stabilire, a una quota sopraelevata, una concatenazione reciproca tra le corti residenziali.

[1] Cohen, et al. 2002, p. 221.
[2] Si vedano, ad esempio, i progetti per il Front-de-mar Sud di Lambert, Le Donné e Lagneau, nonché la descrizione dello stesso Perret, secondo il quale questo avrebbe accolto i «monumenti della città […] e gli uffici delle grandi compagnie di navigazione, dei commercianti, degli industriali». Perret 1945d (ora in Abram, et al. 2006, p. 433).
[3] Purini, Franco, "La piazza tra contiuità e discontinuità", in Nencini, Dina, La Piazza, Milano, Christian Marinotti Edizioni, pp. 7-14.
[4] Questa esperienza più circoscritta, avviata nella tarda età monarchica e conclusa nel corso delle età rivoluzionaria e napoleonica, ha visto a Parigi le realizzazioni della Rue Royale, contestuale al progetto di Ange-Jacques Gabriel per Place Louis XV, attuale Place de la Concorde; di Rue des Colonnes, realizzata tra il 1793 e il 1795; di Rue de Rivoli, il cui primo tratto, com'è noto, fu realizzato secondo il progetto di Percier e Fontaine a partire dal 1802, ma i cui lavori si protrassero fino alla metà del secolo.
[5] Norberg-Schulz 1971, p. 39.
[6] Strumento operativo per la definizione degli isolati urbani e la redistribuzione razionale delle proprietà fondiarie è quello definito come *remembrement*, per il quale non si entra in questa sede nel merito, ma si rimanda a Tournant 1951, p. 34; Lucan 2001, p. 19; Delemontey 2003, p. 36.
[7] Panerai, et al. 1981, p. 29.
[8] Perret 1914 (ora in Abram, et al. 2006, p. 85).
[9] Lucan 2001, p. 40.
[10] Si tratta di un asse orientato quasi Nord-Sud, ma «deviato verso Ovest sotto l'influenza della temperatura che è più elevata nel pomeriggio rispetto alla mattina e che contribuisce a favorire i valori eliotermici della seconda metà della giornata. […] Questa inclinazione è di 19° per Parigi e varia di poco con la latitudine e il clima del luogo che si prende in considerazione. Chiameremo questo asse, per sintetizzare, asse eliotermico, al fine di ricordare la sua origine sia solare che termica» (Rey 1928, p. 22).
[11] Lucan 2001, p. 40.
[12] Perret 1914 (ora in Abram, et al. 2006, p. 85).
[13] Héaume 1945, p.1.
[14] *Ibidem*.
[15] *Ibidem*.
[16] Sembra essere questa una posizione riconoscibile anche nella ricerca di Robert Auzelle, che aveva diretto dal 1947 il *Centre d'études de la Délégation à l'aménagement du territoire* presso il *Ministère de la Reconstruction et de l'Urbanisme*, il quale aveva affermato: «sembra che il solo modo per assicurare a ciascun alloggio aria, sole e verde indispensabili alla vita dei suoi abitanti sia dissociare il costruito dalle vie di circolazione». Questo però non implicava deterministicamente la disposizione dell'edificato secondo l'inclinazione dell'*axe héliothermique*, che è «un'idea o un principio, piuttosto che un sistema o un procedimento che permette di rispondere agli scopi prefissati, riconducendo comunque la disposizione degli edifici nel dominio della composizione architettonica». A questo scopo, egli aveva definito uno schema d'isolato con edifici distinti e non allineati, a definire «uno spazio sufficientemente chiuso per salvaguardare la necessaria intimità, pur lasciando la possibilità di visuali ampie e libere» (cit. in Lucan 2001, p. 40).
[17] Hermant, André, "Ensoleillement direct et orientation", in *Techniques et Architecture*, III, n° 7-8, 1943.
[18] Gargiani 1993, p. 260.
[19] *Ibidem*.
[20] Perret 1939b (ora in Abram, et al. 2006, p. 395).
[21] Si vedano, ad esempio, le diverse configurazioni delle *manzanas* di Ildefonso Cerdà per il piano di ampliamento di Barcellona, più volte citato dallo stesso Hermant e il cui riferimento è stato sottolineato in Gargiani 1993, p. 276.
[22] Lucan 2003, p. 22.
[23] *Ivi*, p. 24.
[24] *Le Havre* 2003, p. 27.
[25] *Ivi*, p. 133.
[26] I cosiddetti *I.S.A.I, Immeubles Sans Affectation Individuelle* costituiscono il complesso residenziale della Place de l'Hôtel de Ville. Finanziati dallo stato, e per questo chiamati anche *Immeubles d'État*, i primi edifici ricostruiti nella città atlantica costituirono una sorta di laboratorio attraverso il quale verificare le principali questioni relative alla costruzione dei nuovi isolati urbani e dimostrare programmaticamente, come un manifesto, l'immagine della futura città. Al progetto lavorarono assieme a Perret, *architecte en chef*, anche 14 architetti dell'*Atelier*, nello specifico Branche, Dubouillon, Feuillebois, Héaume, Hermant, Kaeppelin, Lagneau, Lambert, Le Donné, Lotte, Persitz, Poirrier, Tougard e Tournant ("Le Havre. Immeubles d'État", in *Techniques et architecture*, 1948, n. 7-8).
[27] Si confronti la sequenza costituita dalle Places Royale, Carriere e d'Alliance a Nancy, con quella Place de l'Hôtel de Ville, Avenue Foch e Porte Océane a Le Havre.
[28] La piazza misura 280 x 250 metri, rispetto, ad esempio ai 140 x 125 della Place des Vosges, o ai 360 x 210 di Place de la Concorde a Parigi.
[29] Le differenti proposte furono presentate dagli stessi membri dell'*Atelier* su "Les Immeubles de la Place de l'Hôtel de Ville",

in *Techniques et Architecture*, n. 7-8, 1946, p. 338.
[30] "Les Immeubles de la Place de l'Hôtel de Ville", in *Techniques et Architecture*, n. 7-8, 1946, p. 337.
[31] *Ivi*, p. 338.
[32] *Ibidem*.
[33] «Il grande ruolo di Le Nôtre fu di stabilire una grandiosa unità nel piano generale legando la terra alla vegetazione attraverso l'introduzione di pergole e boschetti nelle sue composizioni, la terra al cielo attraverso delle superfici d'acqua, i giardini al paesaggio, fino all'orizzonte, attraverso delle cesure. Il carattere dominante del giardino francese è la tripla unità: terra e acqua, pietra e vegetazione, cielo. La grazia, rappresentata dai fiori, è celata senza essere esclusa, davanti all'"Intelletto". Dei prati erbosi o "tapis verts", potati secondo delle forme geometriche, dei parterre bordati di bossi, dei viali rettilinei composti secondo un decoro adatto a passeggiate in meditazione, a intrattenimenti dotti e filosofici. La composizione è un po'asciutta, ma le sue linee si adattano meravigliosamente a quelle dell'architettura». PERRET 1939b (ora in ABRAM, *et al.* 2006, p. 391).
[34] Al progetto lavorarono, assieme a Perret, *architecte en chef*, anche Poirrier ed Hermant in qualità di *architectes chefs de groupe* rispettivamente per le parti Nord e Sud del complesso, sotto la cui direzione erano, come *architectes d'opération*, Droit, Du Pasquier, Fabre Lesoudier, Lamy, Lerambert, Leroy-Groene, Prieur e Royon ("Le Havre. La Porte Océane", in *Techniques et architecture*, 1950, n. 9-10, p. 57).
[35] "Le Havre. La Porte Océane", in *Techniques et architecture*, 1952, n. 9-10, p. 57.
[36] HERMANT, André, *Le Havre. Porte Océane. Ensemble architecturale*, dattiloscritto s.d. (fonte AMVH, fondo A. Hermant, cit. in GARGIANI 1993, p. 285).
[37] "Le Havre. La Porte Océane", in *Techniques et architecture*, 1952, n. 9-10, p. 57.
[38] HERMANT, André, *Le Havre. Porte Océane. Ensemble architecturale*, dattiloscritto s.d. (fonte AMVH, fondo A. Hermant, cit. in GARGIANI 1993, p. 285).
[39] Pur non essendo pervenuti elaborati più dettagliati per questa soluzione, sembra possibile riconoscervi un'analogia col progetto definitivo dello stesso Perret per il Palais de Chaillot a Parigi, che stabiliva il rapporto con l'ansa della Senna e lo Champ de Mars attraverso l'ordine gigante di loggiati inquadrati da un sistema di edifici a corte, o ancora, con la loggia di colonne binate del Grand Trianon, aperta verso i giardini di Versailles.
[40] Si vedano a questo proposito gli studi condotti dall'*Atelier* e presentati in "La reconstruction du Havre. Architecte en chef: Auguste Perret", in *Techniques et Architecture*, n. 7-8, 1946, p. 334.
[41] DALLOZ 1957, p. 57.
[42] *Ivi*, p. 52.
[43] Al suo progetto e realizzazione, avvenute tra il 1951 e il 1959, lavorò assieme a Perret, *architecte en chef*, anche Lambert, in qualità di *architecte en chef adjoint cordinateur* ("Le Havre. Front-de-mer Sud", in *Techniques et architecture*, 1952, n. 3-4, p. 46).
[44] *Ville du Havre. Plan d'urbanisme. Adoption*, verbale della riunione del consiglio municipale del 16 settembre 1945, dattiloscritto, p. 2 (fonte AMVH, Fonds contemporaines, Série D3, Carton 10, Liasse 2, cit. in GARGIANI 1993, p. 268).
[45] PERRET 1945d, ora in ABRAM, *et al.* 2006, p. 433.
[46] «La Rue de Rivoli […] non è una *rue corridor*. Essa ha soltanto una parete, che si affaccia sui giardini delle Tuileries, e ciò che è più importante, su un viale […]. La strada era destinata alla ricca borghesia, e offriva una veduta sui giardini reali. La sua unica linea di case permette di godere una vista altrettanto libera di quella che i fratelli Adam provvidero per gli inquilini della loro splendida Adelphi Terrace, costruita nel 1768, in prospetto delle rive del Tamigi. La Rue de Rivoli, in questa fase della sua evoluzione, ispirò John Nash ed il suo committente, il Principe Reggente, per i loro piani del Regent's Park e delle case prospicienti» GIEDION 1984, p. 607.

IV. L'ORDONNANCE ARCHITECTURALE O IL CARATTERE DELLA CITTÀ

Come più in generale l'intera ricerca di Perret, anche l'esperienza di Le Havre si colloca all'interno di quel punto di vista che, riconoscendo nelle forme della costruzione le possibilità espressive del carattere dell'edificio e nell'architettura quelle della loro traduzione in un linguaggio intelligibile, interpreta 'morfologicamente' il rapporto tra 'costruzione e architettura', comprendendo all'interno della forma costruita tanto le sue ragioni 'costruttive' quanto la sua intenzionalità 'estetica'. La ricostruzione della città atlantica, però, sembra approfondire o comunque declinare questa relazione in una dimensione più ampia, cogliendo cioè la possibilità di indagare le proprietà 'urbane' del linguaggio della costruzione, attraverso il suo rapporto con edifici più propriamente residenziali, con una vocazione maggiore a costruire una 'strada', una 'piazza', o più in generale, a costruire 'città', e a determinare quindi transitivamente anche il carattere dello spazio urbano. Un carattere, è bene ricordare, che risiede già latente nella situazione geografica della città, e che può essere restituito, da ultimo, attraverso le forme della costruzione. È a questa tensione, quindi, che si può ricondurre la ricerca messa in atto dal maestro parigino, il cui fine sembra essere riconoscibile nella definizione del rapporto 'esatto' tra il sistema costruttivo, la sua rappresentazione nelle forme dell'architettura, il tipo edilizio, e, in questo caso, il carattere dello spazio urbano. Questa relazione tra costruzione e spazio era stata già chiaramente descritta dallo stesso Perret, il quale aveva affermato: «l'Architettura è l'arte di organizzare lo spazio. È attraverso la costruzione che essa si esprime»[1].

Va specificato però che la riflessione sviluppata riguardo le possibilità espressive delle forme della costruzione si costituisce comunque come il risultato di molteplici contributi, eterogenei e differenti tra loro, ma appartenenti ad un sapere unitario ed organico. Il riconoscimento dei suoi caratteri precipui la colloca infatti nel solco di quell''ideale greco-gotico' che, sviluppatosi in Francia a partire dalla traduzione del Vitruvio del 1673 e dalla redazione delle *Ordonnance des cinq espèces de colonnes selon la méthode des anciens* del 1683, entrambe ad opera di Claude Perrault, assunse col tempo i caratteri di una consolidata cultura della costruzione[2].

All'interno di un ricco e articolato spaccato critico, già ampiamente indagato ma riguardo al quale è necessario riprendere alcune questioni, sono particolarmente significativi, anche per la loro prossimità temporale all'esperienza del maestro parigino, il pensiero di Eugène Emmanuel Viollet-le-Duc e quello di Auguste Choisy, maestri d'elezione dell'allievo Perret[3]. Centrali, nella definizione degli obiettivi della sua ricerca, sono infatti le considerazioni che il primo sviluppa nel *Dictionnaire raisonné de l'architecture française du XIme au XVIme siècle* e negli *Éntretiens sur l'architecture*, quanto quelle maturate in seno all'*École des Ponts et Chaussées* e dell'*École Polytechnique*, la cui espressione più eloquente può essere riconosciuta nel contributo offerto dalla redazione, ad opera del secondo, dell'*Histoire de l'Architecture*. Considerazioni che, pur nelle loro diversità, definiscono chiaramente la centralità della relazione tra la costruzione e le forme dell'architettura.

Oltre a queste, significativo è anche il legame con Julien Guadet, maestro dello stesso Perret presso l'*École des Beaux-Arts* e a sua volta allievo di Henry Labrouste, il cui insegnamento si formalizzò nella redazione nel 1901 degli *Eléments et theorie de l'architecture*, e che, a partire dall'identità tra verità e bellezza, «rese evidente come la più importante verità fosse quella che derivava da un'autentica espressione costruttiva»[4].

Il confronto tra tutte queste riflessioni ed esperienze assume una particolare rilevanza in rapporto all'opera di Perret, in quanto capace di restituire un'idea profonda di 'costruzione', che non la vede ridotta come possibilità attuativa dell''architettura', ma intendendola piuttosto in un rapporto di simultaneità con questa, ne esalta la relazione di analogia tra di esse[5].

La relazione stabilita tra costruzione e architettura è stata illustrata anche dello stesso Perret attraverso una serie di riflessioni sviluppate lungo l'intero arco della sua esperienza e confluite, per la maggior parte, nella *Contribution à une théorie de l'architecture*. Oltre a definire che «l'architettura è […] innanzitutto una costruzione»[6], il maestro parigino ne specifica la relazione, affermando che «la costruzione è la lingua madre dell'architetto. L'architetto è un poeta che pensa e parla in costruzione»[7].

Come l''innanzitutto' suggerisce, il passaggio dal 'pensiero' alla 'parola' non si compie deterministicamente e immediatamente, perché l'espressione del carattere dell'edificio attraverso le forme della costruzione si costituisce solo in potenza all'interno di un sistema costruttivo. Le forme della costruzione si definiscono infatti esclusivamente come forme tecniche, relative alla loro funzione statica all'interno del sistema e prive di una qualsiasi intenzionalità estetica. Affinché si compia il passaggio dalla potenzialità nel sistema costruttivo all'effettualità nell'opera architettonica è necessario «non ammettere in un edificio alcuna parte destinata esclusivamente all'ornamento ma, guardando sempre alle belle proporzioni, volgere in ornamento tutte le parti necessarie a sostenere un edificio»[8]. È necessario, cioè, che queste siano reinterpretate attraverso il principio dell'ornamento, inteso in questo caso secondo l'accezione del 'decoro analogico' descritto da Quatremère De Quincy[9] e finalizzato alla ricerca delle forme espressive dell'identità degli elementi costruttivi all'interno del sistema. Solo attraverso questo gli elementi della costruzione acquisiscono «armonia e proporzione»[10] e divengono forme dell'architettura, capaci cioè di definire un 'linguaggio' intelligibile.

In virtù di ciò, la costruzione e le sue forme sono passibili di essere aggettivate, determinando in questo modo «il Carattere e lo Stile di un edificio»[11]. Il conseguimento del Carattere, cioè il «modo con cui l'opera risponde alla propria destinazione, […] il rapporto, la relazione tra l'oggetto e il suo scopo»[12] e dello Stile, cioè la «potenza d'espressione»[13] acquisita attraverso l''economia della forma', sono dunque contenuti *in nuce* nelle potenzialità di un sistema costruttivo.

La ricerca sulle forme della costruzione non si esaurisce però a questo punto, anzi si potrebbe affermare che prenda avvio da questo, perché implica anche la possibilità di modulare e variare la loro espressività affinché queste siano appropriate e corrispondenti non solo all'edificio, ma anche allo spazio urbano per cui queste sono pensate.

Da questo punto di vista l'esperienza di Le Havre appare in un certo senso dimostrativa di come il rapporto tra 'costruzione' e 'spazio urbano' possa in ultima analisi conferire a ciascun edificio una tensione alla costruzione della città, dimostrativa, ancora, della corrispondenza che è possibile stabilire tra un'idea di costruzione e i rapporti che gli edifici stabiliscono tra loro stessi e con il luogo nel quale questi si collocano, tenendo assieme la ragione costruttiva degli elementi con la capacità che un linguaggio ha di rimandare alla dimensione 'civile' della città.

IV.1. Il linguaggio della costruzione

Nello specifico, le forme costruttive cui fa riferimento Perret sono quelle della costruzione in cemento armato, ricondotta a una struttura a scheletro che, in parziale continuità con l'esperienza di Hennebique, riconosce i propri elementi costitutivi nel pilastro, nella trave e nell'orditura del solaio. In virtù delle sue modalità esecutive, secondo quanto rilevato da Collins, Perret riconosce come connaturata a questo sistema costruttivo una grammatica tettonica[14], che tende cioè a individuare analiticamente i suoi elementi costitutivi, a definirne la loro identità formale e le connessioni reciproche.

Attraverso la ricerca messa in atto dal maestro parigino, infatti, secondo un 'ideale' più propriamente greco che gotico, elementi verticali portanti si compongono assieme ad elementi orizzontali portati, e pervengono alla definizione di un'architettura 'trabeata'. Questa volontà di forma, coincidente con la volontà di eleggere una tradizione cui riferirsi, e che è assente nelle esperienze precedenti alla sua, consente a Perret, come ha sottolineato Argan, di legare la costruzione in calcestruzzo armato all'esperienza della storia[15]. È dunque la volontà rappresentativa dell'identità di ogni elemento all'interno della costruzione a scheletro che permette di stabilire una significativa relazione con «le prime opere architettoniche», che sono, come afferma Perret, delle «strutture a scheletro […] cariche di un tale prestigio che, anche nella costruzione in pietra, vengono imitate tratto per tratto […]. Che sia antica o dell'epoca detta 'classica', non vi è architettura che non imiti la struttura a scheletro»[16].

Oltre però al prestigio riconosciuto già alle forme archetipiche di questo sistema costruttivo, il riferimento alle sue forme e sintassi va tuttavia ricondotto a un più generale interesse nei confronti dell'architettura trabeata, manifestatosi già a partire dal XVII° sec. e sviluppatosi in una ricerca teorica e progettuale articolata nel tempo. Al di là della sua complessità, nella quale non si entra nel merito, è comunque significativo il riconoscimento in essa della volontà rifondativa del linguaggio architettonico classico, in particolare nella tensione a ridefinire le relazioni tra la costruzione muraria e la sua rappresentazione trilitica in virtù di un principio di *vraisemblance*. Principio che portò a una distinzione formale tra i pilastri e i muri di tamponamento[17], e all'individuazione delle loro corrette relazioni sintattiche, come se «l'espressione naturale di un muro fosse quella di un'intelaiatura con riempimento non portante»[18].

Gli edifici di François Mansart, che costituirono i primi risultati di questo nuovo pensiero, se si osserva ad esempio il caso di Château Maisons-Laffitte, realizzato nel 1650, sembrano tradurre questo principio secondo grammatiche della forma riaffermate e approfondite dalle esperienze successive, quali: la collocazione dei pilastri esattamente agli angoli degli edifici; la continuità della trabeazione, mai interrotta; la tendenza a 'incuneare' i telai delle finestre entro l'intelaiatura trabeata di facciata; la volontà di annullare il valore strutturale del muro, tramite il ricorso a superfici scolpite e decorate, o caratterizzate da specchiature; un'attenzione per la continuità dell'articolazione strutturale nel caso dell'adozione di porticati.

Questa ricerca si sviluppò in seguito, manifestando nel XVII° sec. una tensione volta alla creazione di autentiche forme trabeate autoportanti, come nelle esperienze, non isolate, della costruzione della facciata orientale del Louvre, ad opera di Perrault nel 1667, o del Grand Trianon di Jules Hardouin Mansart nel 1688, o ancora negli Hôtel di Place de la Concorde di Gabriel, del 1766.

La ricerca di Perret trova quindi collocazione all'interno di questa cultura della costruzione, che aveva posto al centro del proprio operare l'autenticità costruttiva del linguaggio classico dell'architettura.

Nell'esperienza della città atlantica gli elementi portanti vengono così ricondotti alle forme della colonna o del pilastro, che costituiscono il «dominante elemento di sintesi»[19], e per i quali ne vengono studiate le proporzioni, le relazioni reciproche e quindi il ritmo; quelli portati alle forme della trave, della mensola o del cornicione, per le quali ne viene analizzata la gerarchia e il ruolo in rapporto agli elementi portanti, sottolineati da aggetti o lievi scarti rispetto a questi. Vengono declinati i molteplici rapporti che la struttura stabilisce con i tamponamenti murari: il sostegno si può trovare infatti inglobato nel tamponamento murario, ma comunque mai celato, ad assumere le forme di un pilastro, di una *columna quadrangula* che definisce un 'muro parastato'; o isolato, nelle forme di una colonna, col tamponamento arretrato della misura sufficiente a liberare il sostegno, a costruire quindi un prospetto colonnato, o ancora, arretrato di una misura e profondità tale da definire un portico. Vengono indagati, anche, i rapporti stabiliti tra la scansione monotòna degli elementi portanti, il cui passo corrisponde al modulo strutturale di 6,24 m, e quella variabile delle cornici delle aperture, sempre della stessa forma e a tutta altezza a misurare l'interpiano. Le forme della costruzione, ricondotte a quelle dell'architettura, sono dunque «esaltate e affinate allo scopo di produrre tutta la gamma delle note più alte che la proporzione e la modulazione di superficie potessero creare»[20], per definire quella che è possibile riconoscere come un'*ordonnance architecturale*.

Gli ordini così definiti, ancora, possono assumere differenti scale, volte ad esprimere la destinazione, civica o residenziale, degli edifici. Per questa ragione questi possono assumerne una 'gigante', appropriata a rappresentare il tipo ad aula e l'edificio collettivo, se si guardano ad esempio il complesso dell'Hôtel de Ville e della sua torre, caratterizzati da colonne o pilastri che 'in un solo getto' conquistano il 'riparo sovrano'. O possono anche conformarsi, ed è il caso degli edifici residenziali a torre e in linea, secondo una scala più misurata, tale da renderli suscettibili di un rapporto reciproco che li vede 'impilarsi' l'uno sull'altro, assumendo volta per volta le forme appropriate alla 'parte' che questi individuano, basamentale, mediana o sommitale, all'interno dell'edificio.

A questo proposito, e nello specifico per gli edifici residenziali, è particolarmente significativa una riflessione di Collins, che anche se non condivisibile nella sua interezza, conduce proficuamente alla necessità di chiarire l'ultimo di quei rapporti individuati in apertura del presente capitolo, quello cioè tra la costruzione e lo spazio urbano. Lo storico inglese propone infatti il tracciamento di un rapporto genealogico tra i prospetti perretiani e quelli degli *hôtel particuliers* rappresentati da Jacques-François Blondel ne l'*Architecture Françoise*, edita nel 1752 e ristampata nel 1904 sotto la curatela di Guadet. Sicuramente, infatti, gli *hôtel particuliers* ridisegnati dal Blondel avranno esercitato un'ascendenza nei confronti delle realizzazioni perretiane, non fosse altro per aver determinato una parte consistente dell'immagine di quella Parigi da lui esperita quotidianamente. A questa analogia formale, evidente e dotata di fondamento, sembra però non corrisponderne una semantica, forse innanzitutto perché gli *hôtel particuliers* presentati da Blondel portano lo spazio aperto all'interno dell'edificio e concentrano la propria rappresentatività sullo spazio residenziale della corte, più che su quello pubblico della città. Assieme ad alcune analogie, quindi, derivanti dall'appartenenza al medesimo mondo culturale, vi sono alcune significative differenze, imputabili forse alla variazione del tipo e del ruolo della residenza all'interno della città.

Come già osservato per gli edifici di Perret, anche le facciate di questi *hôtel particuliers* si caratterizzano e gerarchizzano infatti per parti, corrispondenti però alla distribuzione interna dell'edificio. Gli aggetti o gli arretramenti del muro sottolineano il nodo tettonico tra la facciata e i muri ad essa ortogonali che individuano le stanze dell'*hôtel*, e ciascuna di queste parti è poi caratterizzata da una serie di aperture, di numero variabile, generalmente due o tre, che, attraverso i rapporti stabiliti con la superficie muraria, concorrono a rappresentare in facciata la gerarchia delle stanze all'interno della residenza e a definire, anche in questo modo, il suo carattere.

È vero che negli edifici residenziali di Perret a Le Havre il ricorso a una campata strutturale di 6,24 m, consona al telaio in calcestruzzo armato, sembri avvicinare dimensionalmente la partizione della facciata perretiana a quella degli *hôtel* rappresentati da Blondel, ma non va trascurato un aspetto che differenzia questi prospetti, e che attribuisce loro un differente significato. Il ritmo costante dato dal telaio strutturale è in questo caso indipendente dalla partizione interna delle abitazioni, e non tende a rappresentare su di essa la misura della stanza, quanto a costruire l'unitarietà dello spazio pubblico attraverso il ritmo monotòno dell'ordine. Vi è dunque, negli edifici di Perret, una costante tensione volta alla costruzione dello spazio pubblico della città, che li avvicina a quelle esperienze che hanno attribuito un valore più marcatamente urbano alla residenza, quando ricondotta alla forma di manufatti unitari. È necessario quindi, ancora una volta, riproporre l'analogia con le Places Royales, dove la ripetizione delle forme dell'ordine in facciata non è indicativa della volontà di rappresentare la partizione interna dell'edificio, quanto di conferire unitarietà, attraverso lo slegamento sintattico tra la facciata e lo spazio domestico, allo spazio della città.

Il valore urbano di questi tipi edilizi sembra inoltre essere chiaramente riconoscibile anche nella loro composizione, come già accennato, definita per impilamento di 'parti' corrispondenti ciascuna a più piani abitativi, secondo una sintassi che introduce piuttosto una possibile analogia con l'edilizia residenziale parigina dell'Ottocento. È secondario che i primi, quelli della capitale, si costruiscano secondo le forme del muro, e i secondi, quella della città atlantica, attraverso quelle del trilite. Entrambi i casi, infatti, sono accomunati dall'essere costruiti per sovrapposizione di ordini e iterazione degli elementi formali, che conferiscono all'edificio residenziale un'immagine e una scala finalizzata alla costruzione di spazi eminentemente urbani, dove ciascuna residenza è costantemente ricondotta, in una logica ipotattica, alla costruzione della città. È per questo motivo, ad esempio, che l'invariabilità delle forme stesse delle finestre e la loro scansione monotòna non esprima la variabilità della destinazione d'uso della stanza, o che i balconi continui, mai ripetuti su tutti i piani, non si costituiscano come un irradiamento dello spazio interno dell'abitazione, ma piuttosto si configurino in rapporto a necessità formali dell'ordine di cui ne costituiscono la trabeazione, e quindi in rapporto alla scala dell'intero edificio e dello spazio della città.

Sembra essere dunque la ricerca sulle variazioni possibili delle forme della costruzione, assieme alla definizione dei rapporti esatti tra i tipi edilizi nella costruzione dello spazio urbano, che realizzano quell'aspirazione all''ordine nel dettaglio e al tumulto nell'insieme', e caratterizzano, come parti di quell'unica grande architettura che è Le Havre, l'aulicità della Place de l'Hôtel de

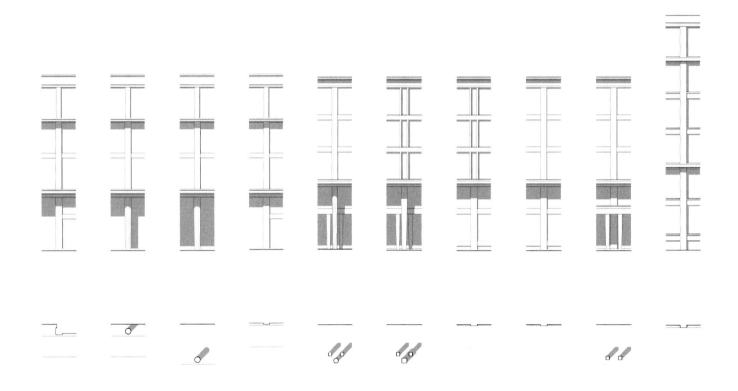

Tav_LH.13: Le Havre. Ordini architettonici.

Ville, la chiusura e la perentorietà della Porte Océane, l'apertura e la domesticità del Front-de-mer Sud.

IV.2. Place de l'Hôtel de Ville: il 'peristilio'

Degli edifici residenziali della Place de l'Hôtel de Ville, quelli in linea in particolare, più che quelli a torre, mostrano chiaramente la ricerca intrapresa dal maestro parigino sull'espressività delle forme costruttive.

Dalla loro osservazione è innanzitutto possibile affermare che l'*ordonnance* della Place de l'Hôtel de Ville sia in un certo senso definito in rapporto al prospetto colonnato di ordine gigante del municipio, del quale ne riconosce il valore civico e col quale concorre a circoscrivere, come un 'peristilio', l'internità e lo spazio 'concavo' della piazza.

La sua conformazione è quindi riconducibile all'interno di questa necessità di definirlo al contempo tanto in relazione all'aulicità dell'edificio pubblico, quanto in rapporto alla domesticità di quello residenziale, e a questo, forse, si può ascrivere innanzitutto la scelta di articolare la parte basamentale attraverso la variazione dei sostegni secondo le forme della colonna e del pilastro.

Le colonne degli edifici residenziali, nell'immediato riferimento a quelle di ordine gigante dell'Hôtel de Ville, che comunque prevede un'appropriata semplificazione delle parti costitutive dell'elemento, obbediscono a una sintassi che le vede isolate rispetto al muro di tamponamento, che scorre dietro di esse. Significativo è il lieve arretramento di quest'ultimo, sufficiente appena per liberare il sostegno e conferirgli il valore espressivo della 'colonna', la cui esclusiva rappresentatività è enfatizzata dalla volontà di non rendere fruibile lo spazio tra queste e il tamponamento. Il loro carattere sembra essere ricercato in rapporto all'aulicità dello spazio urbano e al suo significato civico, e il loro proporzionamento con un imoscapo di 0,50 e un'altezza di 4,50 m, le configura grevi come un 'dorico'.

A differenza della teoria continua della stoà del municipio, queste si compongono in successione con coppie di pilastri quadrangolari, in corrispondenza dei quali il tamponamento avanza a inglobare il sostegno e a individuare, per mezzo di questo scarto, gli accessi alle abitazioni. La differenza espressiva del sostegno, tra colonna e pilastro, sembra essere inoltre essere conseguita, oltre che attraverso il differente rapporto che questo va a stabilire col tamponamento, anche nel differente modo con cui questi accolgono il carico degli elementi portati.

Colonne e pilastri portano infatti una trabeazione che consente di individuare la parte basamentale rispetto all'elevato, e che assume la forma di un balcone continuo e aggettante su tutto l'isolato. Le prime, 'in un solo getto', si elevano ad accogliere il suo carico, mentre i pilastri portano lungo un punto del loro sviluppo un ordine secondario di travi, la cui gerarchia è riconoscibile grazie al loro arretramento rispetto al piano definito dai primi, che ripartisce la campata della parte basamentale in piano terra e mezzanino.

Al di sopra del basamento, i piani residenziali sono ordinati in una parte di elevato individuata da pilastri a doppia altezza portanti un'ulteriore trabeazione, che anche in questo caso assume la forma di un balcone continuo aggettante, e un ordine secondario di travi marcapiano, ancora arretrate rispetto ai sostegni, che ripartiscono la campata nei due piani destinati ad abitazione.

Al di sopra di questo, il coronamento, corrispondente ad un piano abitativo, con pilastri che portano il cornicione dell'edificio.

L'aulicità di questi prospetti sembra essere conseguita, oltre che attraverso la declinazione delle forme

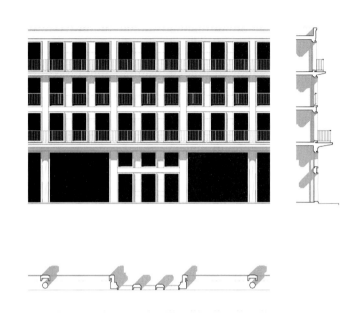

Tav_PHdV.11: Place de l'Hôtel de Ville. *Ordonnance architecturale* del fronte sulla piazza.

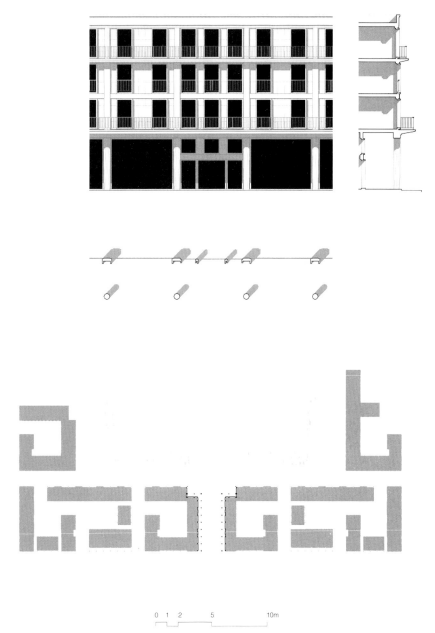

Tav_PHdV.12: Place de l'Hôtel de Ville. *Ordonnance architecturale* del fronte su Rue de Paris.

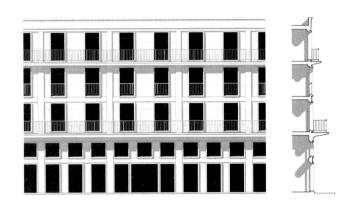

Tav_PHdV.13: Place de l'Hôtel de Ville. *Ordonnance architecturale* del fronte sulle corti residenziali.

della costruzione, anche attraverso la scansione monòtona e serrata delle cornici delle finestre, tre per campata, il cui ritmo sembra rivestire un valore 'urbano' tale da rendere necessaria la loro adozione anche quando cieche, laddove non è necessaria la presenza della bucatura.

Il prospetto sulla Rue de Paris, a differenza del precedente, non si misura direttamente con la Place de l'Hôtel de Ville, ma ricerca una maggiore domesticità, che sembra essere conseguita innanzitutto attraverso l'arretramento del muro di tamponamento rispetto al sostegno, in modo e misura tale da definire un portico continuo, fruibile, lungo una strada a destinazione commerciale.

Ai tre piani superiori, invece, all'invariabilità delle forme strutturali dell'ordine si accompagna una variazione nel rapporto tra la superficie muraria e le aperture. Vi è infatti, in questi prospetti, l'alternanza di campate con tre e due cornici di finestre che, introducendo una sincope nella scansione monòtona delle aperture, attenua la monumentalità del prospetto.

I prospetti sull'interno delle corti assumono un carattere chiaramente domestico. I sostegni del piano terra non sono mai isolati rispetto al muro di tamponamento, e assumono quindi esclusivamente la forma del pilastro. Ai tre piani superiori, la successione monòtona di due, e non più tre finestre per campata, definisce il prospetto con un ritmo più sereno rispetto a quello serrato sulla piazza.

IV.3. Porte Océane: il 'muro parastato'

Come già accennato, e in questa sede è utile riaffermare, la Porte Océane è il luogo in cui la città stabilisce il proprio rapporto con lo spazio aperto e vasto dell'Oceano. Sembra possibile affermare che anche in questo caso gli elementi della costruzione riconoscano il carattere della forma naturale e si conformino in maniera tale da descriverlo attraverso il carattere degli elementi dell'*ordonnance architecturale*.

Le cortine edilizie che compongono la Porte Océane, sostanzialmente riconducibili a due tipi, si caratterizzano infatti, oltre che per una maggiore altezza degli edifici in linea, quasi a enfatizzare il loro ruolo di limite verso lo spazio esterno dell'Oceano, anche per il ricorso esclusivo e invariante alla chiusura e alla perentorietà del 'muro parastato'.

In entrambi i casi, infatti, tanto nelle cortine rivolte verso l'interno della città, quanto in quelle rivolte verso l'Oceano, gli elementi strutturali non si isolano mai rispetto al muro di tamponamento, e assumono invariabilmente le forme di paraste, di *columnae quadrangulae*, che scandiscono lo sviluppo delle cortine degli edifici. Come negli altri casi, questi si strutturano attraverso l'impilamento di parti, i cui elementi costitutivi sono sottoposti a una riduzione linguistica, appropriata al luogo. Nella Porte Océane, infatti, viene escluso qualsiasi ricorso alle forme della colonna, anche quando il sostegno è isolato, a favore di un linguaggio composto esclusivamente di pilastri, travi marcapiano degli ordini intermedi e cornicioni di coronamento, che si compongono secondo differenti rapporti proporzionali, atti a individuare il ruolo delle parti costituenti il tipo edilizio.

Nell'invariabilità di queste forme, le possibilità di variazione sono concentrate esclusivamente sulle forme e sui ritmi delle finestre, cui è demandato il ruolo di differenziare uno spazio interno, urbano, che attraverso l'Avenue foch guarda al centro civico della Place de l'Hôtel de Ville, da uno esterno, che guarda all'orizzonte oceanico. È dunque per questa ragione che i primi si caratterizzano per una scansione monòtona di due finestre per campata, che individuano indifferentemente tanto i servizi quanto le stanze delle abitazioni, e i secondi

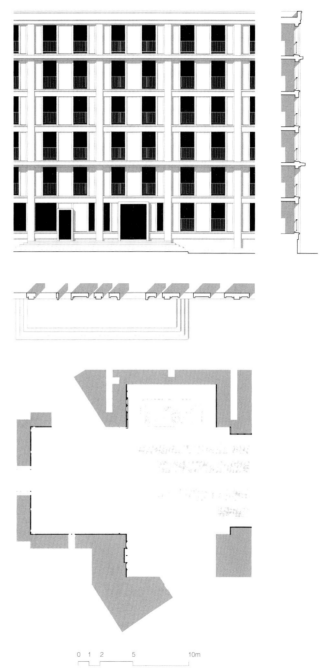

Tav_PO.11: Porte Océane. *Ordonnance architecturale* del fronte sull'Avenue Foch.

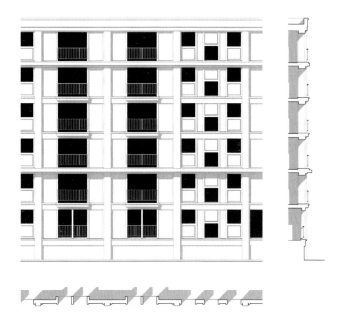
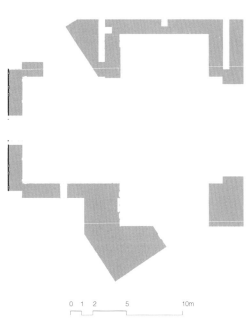

Tav_PO.12: Porte Océane. *Ordonnance architecturale* del fronte sull'Oceano.

per una successione di diverse cornici che rendono ragione, solo in questo caso, della gerarchia degli spazi interni della residenza. A campate caratterizzate da un'unica grande finestra che consente di abbracciare l'orizzonte dall'interno dei soggiorni delle abitazioni, si alternano campate con finestre binate, corrispondenti alle stanze private, e campate con bucature quadrate disposte a scacchiera, a individuare i vani scala e i servizi delle residenze.

IV.4. Front-de-mer Sud: la 'peristasi'

Attraverso il Front-de-mer Sud, come già descritto, la città si rappresenta dinanzi all'estuario della Senna. Questo si compone di tre parti incernierate rispettivamente sui due edifici a torre che scandiscono lo sviluppo del *redent*.

La prima, più prossima all'Oceano, si contraddistingue rispetto alle altre per una maggiore chiusura, che vede articolare i suoi prospetti nelle forme di una 'muro parastato' simile a quello della Porte Océane. Le altre due invece, più interne, manifestano una maggiore apertura, che trova espressione nelle forme dei loggiati che, come una 'peristasi' attraverso la sua 'convessità', costruiscono il rapporto tra lo spazio della città e l'estuario della Senna.

In virtù del riconoscimento del carattere di 'vasta internità' a questo spazio naturale, misurato dal rapporto tra le due rive, può essere quindi descritto il carattere assunto dalle forme costruttive degli edifici che compongono il Front-de-mer.

I suoi edifici in linea, rispetto ai corrispettivi della Place de l'Hôtel de Ville, subiscono una semplificazione tipologica, componendosi in questo caso di sole due parti: una basamentale, corrispondente al piano terra e mezzanino, e una di elevato, corrispondente a tre piani residenziali, su cui si imposta, solo in alcuni casi circoscritti e dettati da ragioni di valore urbano, quel piano di coronamento che assume le forme delle altane che individuano l'apertura della *Placette* lungo lo sviluppo del *redent*.

La parte centrale, che inquadra in lontananza l'ordine gigante dell'Hôtel de Ville, e che corrisponde al vecchio quartiere di Notre-Dame, sede della cattedrale, è caratterizzata, in virtù di questa relazione, da una maggiore aulicità. Gli edifici che inquadrano la *Placette*, ossia la piazza che conclude la Rue de Paris sul bacino portuale, si compongono innanzitutto di una parte basamentale, porticata perché in continuità con le cortine della Rue de Paris. A differenza di queste, però, i cui sostegni si dispongono isolati, le colonne della *Placette* si accompagnano a un ordine secondario di pilastri binati. Le prime, con un imoscapo di 0,45 e un'altezza di 5,45 m, e quindi slanciate come un ordine 'ionico', portano la balconata continua di trabeazione. I secondi, invece, lievemente arretrati rispetto a queste e alti 3,10 m, portano un ordine secondario di travi che individua la 'misura' del mezzanino.

Rispetto a questo doppio ordine di sostegni, il muro di tamponamento definisce due relazioni differenti. Da un lato, a piano terra, questo arretra rispetto alle colonne e ai pilastrini, a definire dunque un portico di profondità pari a quelli della Rue de Paris. Al mezzanino invece, il muro viene portato dai pilastrini, arrivando dunque quasi a tangere le colonne, e a ridurre quindi l'altezza dello spazio porticato sottostante.

La parte superiore è caratterizzata da pilastri a tutta altezza che portano direttamente il cornicione di coronamento e un ordine secondario di due travi marcapiano, lievemente arretrate rispetto ai sostegni verticali. Analogamente a quanto descritto sui prospetti della Rue de Paris, anche in questo si alternano due e tre cornici di finestre per campata.

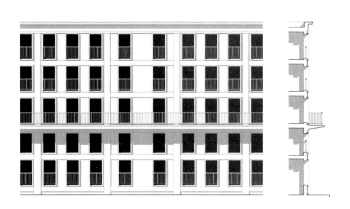

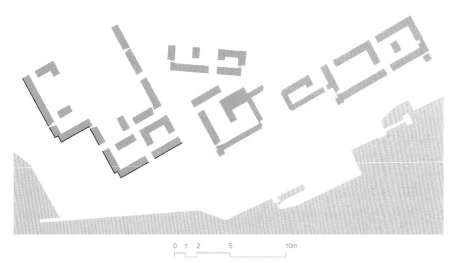

Tav_FdmS.11: Front-de-mer Sud. *Ordonnance architecturale* del fronte sul porto, parte occidentale.

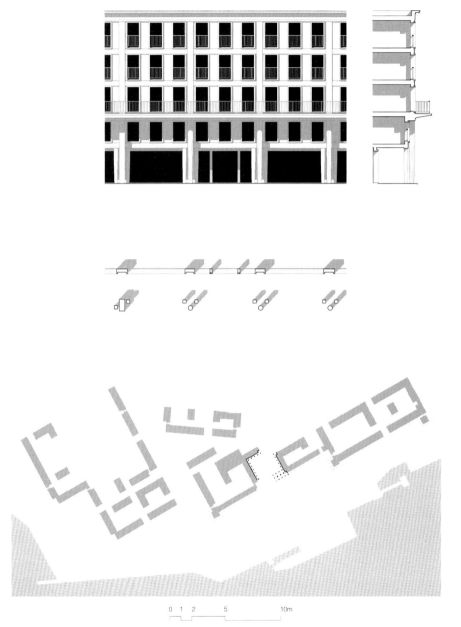

Tav_FdmS.12: Front-de-mer Sud. *Ordonnance architecturale* del fronte sulla Placette, parte centrale.

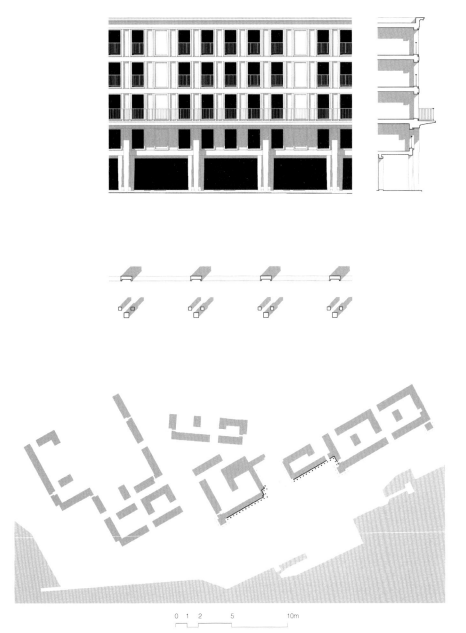

Tav_FdmS.13: Front-de-mer Sud. *Ordonnance architecturale* del fronte sul porto, parte centrale.

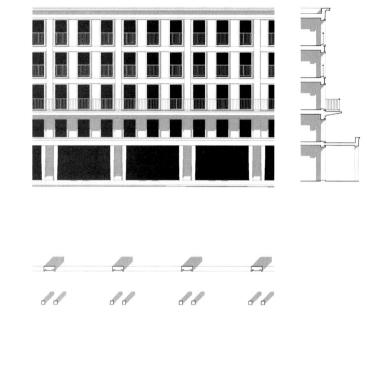
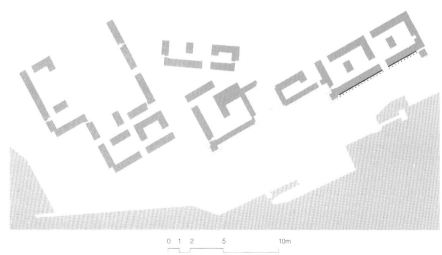

Tav_FdmS.14: Front-de-mer Sud. *Ordonnance architecturale* del fronte sul porto, parte orientale.

Il fronte antistante il mare si caratterizza, nella parte compresa tra le due torri, attraverso le forme di una loggia che si pone in sostanziale continuità con quella della *Placette*, pur introducendo però una significativa variazione che, nella sostituzione della colonna con un pilastro quadrangolare, la subordina rispetto a questa.

L'elevato si differenzia notevolmente rispetto ai casi precedenti: cambia infatti il vocabolario formale, per ragioni ancora dovute al ruolo urbano di questi edifici, e nello specifico, secondo quanto affermato dallo stesso Lambert, alla necessità di introdurre variazioni ritmiche in una facciata lunga più di un chilometro.

In questo caso, infatti, i prospetti non vengono più definiti attraverso campate di pilastri giganti posti in continuità con l'ordine basamentale, ma per mezzo di un serrato 'contrordine' di pilastri alti un piano, posti in successione binata e in falso rispetto a quelli sottostanti. Questi si distanziano reciprocamente secondo un ritmo i cui intervalli maggiori sono sufficienti a contenere le cornici di tre finestre per campata, alcune delle quali tamponate, e portano, aggettanti rispetto ad essi, le travi continue marcapiano e il cornicione di coronamento dell'edificio, impilando secondo una successione additiva, e non secondo una relazione ipotattica, i piani abitativi dell'elevato.

L'ultima parte del Front-de-mer Sud si caratterizza per una domesticità ancora maggiore rispetto alla precedente, conseguita nella parte basamentale attraverso la soppressione del sostegno ad ordine gigante e il ricorso esclusivo a semplici pilastri binati nella definizione di una loggia aggettante rispetto al filo di facciata che definisce il piano terra. A questa corrisponde infatti, al piano del mezzanino, una lunga terrazza, dilatazione dello spazio interno della casa verso quello esterno e naturale della foce del fiume. Al di sopra di questa parte basamentale, individuata come negli altri casi da una balconata continua, vi sono i tre piani dell'elevato, caratterizzati da pilastri a tutta altezza che portano direttamente il cornicione di coronamento e un ordine secondario di due travi marcapiano, lievemente arretrate rispetto ai sostegni verticali.

[1] Perret 1952 (ora in Abram, *et al.* 2006, p. 455).
[2] Per questo si rimanda agli studi di Frampton (1999).
[3] «Se solo tutti gli architetti avessero letto Viollet-le-Duc e Choisy!» (Perret, cit. in Vago 1932, p. 15). «Viollet-le-Duc è stato il mio vero maestro» (*Ibidem*).
[4] Collins 1965, p. 142.
[5] Armesto Aira, Antonio, "Tecnica, lingua morta", in Moccia, Carlo, *Architettura e Costruzione*, Firenze, AIÓN, pp. 7-11.
[6] Perret 1931 (ora in Abram, *et al.* 2006, p. 204).
[7] Perret 1952 (ora in Abram, *et al.* 2006, p. 455).
[8] Fénelon, cit. in Perret 1931 (ora in Abram, *et al.* 2006, p. 204).
[9] De Quincy 1832, p. 503.
[10] Perret 1935 (ora in Abram, *et al.* 2006, p. 287).
[11] Perret 1925b (ora in Abram, *et al.* 2006, p. 136).
[12] Perret 1924 (ora in Abram, *et al.* 2006, p. 126).
[13] Perret 1939a (ora in Abram, *et al.* 2006, p. 327).
[14] Scelta differente, ad esempio, dalle coeve ricerche intraprese da Garnier a Lione, che riconducevano il *beton armé* all'interno della tradizione costruttiva dell'*opus caementicium* romano.
[15] Argan 1965.
[16] Perret 1948b (ora in Abram, *et al.* 2006, p. 447).
[17] Un'analoga distinzione fu effettuata da Leon Battista Alberti, che nel suo *De Re Aedificatoria* si riferì alle campiture murarie ripartite da pilastri come a 'false aperture'. Riflessione, questa, probabilmente non estranea alla cultura architettonica francese in quanto la traduzione del trattato albertiano dal latino al francese avvenne nel 1553 ad opera di Jean Martin.
[18] Collins 1965, p. 145.
[19] *Ivi*, p. 177.
[20] *Ivi*, p. 152.

RICOSTRUIRE LE HAVRE
José Ignacio Linazasoro

La ricostruzione di Le Havre è uno dei progetti urbani più interessanti realizzati in Europa nel dopoguerra, recentemente riconosciuto non solo dalla critica architettonica, ma anche dallo stesso UNESCO, che lo ha classificato come Patrimonio Mondiale. Questo riconoscimento è stato però preceduto da lunghi anni di incomprensioni cominciate già alla conclusione di questo vasto lavoro.

Gli anni Cinquanta avevano visto in Francia il trionfo indiscusso di un tipo di città rappresentata da *L'Unité de Grandeur Conforme* di Le Corbusier a Marsiglia, che avrebbe costituito uno dei paradigmi più importanti del tempo.

È stato questo un periodo dominato da una critica difenditrice a oltranza dei valori dell'architettura del Movimento Moderno, che dopo il periodo bellico e la caduta dei regimi fascisti si offriva come unica via d'uscita possibile.

All'interno di questo contesto culturale, la figura di Auguste Perret e di Le Havre erano stati interpretati come il modello perdente, accusato di conservatorismo e di costituire un riferimento inadeguato alla ricostruzione. A questa considerazione Perret univa anche il fatto di essere stato uno dei primi maestri di Le Corbusier, che avrebbe in seguito criticato per le sue posizioni.

Sarebbero dovuti passare, per questo, più di un decennio e l'entrata in crisi del modello di città sostenuto dagli architetti d'avanguardia e dai critici che la appoggiavano, affinché tanto l'architettura di Perret quanto la sua proposta per Le Havre potessero essere oggetto di considerazione.

Non c'è da stupirsi che ne *L'architettura della città* di Aldo Rossi, autentico manifesto della nuova situazione che comincia a delinearsi a partire dalla seconda metà degli anni '60, sia presente a pieno titolo la ricostruzione di Le Havre. Per Rossi, Le Havre significava la città 'con forma' contro la città informe dello 'zoning' guidata da esclusive ragioni di opportunità economiche. La ricostruita città portuale era stata intesa come un ritorno alla città storica che aveva i suoi antecedenti provenienti dalla Grecia o da Roma, che negli anni '60 non sembrava più apertamente antagonista agli ideali della modernità, come era stata invece considerata nei decenni precedenti.

Questa rivalutazione avrebbe costituito il primo passo per il parallelo riscatto del suo architetto, Auguste Perret, che a partire da quel momento sarebbe stato considerato come una delle figure chiave dell'architettura francese della prima metà del XX° secolo.

Si cominciava a riconoscere in lui la sua qualità di continuatore della "architecture à la française" - secondo una definizione di J.M. Pérouse Montclos - che nel corso del XVII° e XVIII° secolo aveva costituito uno dei più brillanti esempi dell'architettura europea.

Ma dopo questi anni di revisionismo, la figura di Perret e il suo progetto di ricostruzione di Le Havre, non solo non hanno cessato di suscitare interesse, ma anzi hanno acquisito una dimensione più ricca e complessa.

A questo si devono in primo luogo alcuni eventi recenti, come ad esempio una grande mostra sull'opera perretiana, o alcune ricerche come quella che qui viene presentata, che ha permesso di recuperare in gran parte l'autentica dimensione dell'architetto.

Per questo, e di fronte all'attribuzione di conservatorismo, coniata da tempo, la sua figura ci appare ora come l'unica grande continuatrice di quel filone definito dalla linea che parte da E. Viollet - Le Duc e continua con A. Choisy, che costituì una critica al *beauxartianismo* del XIX° secolo, con la volontà di stabilire una nuova razionalità basata sui valori costruttivi. Ma a differenza di questi due trattatisti, la cui opera costruita non raggiunse il livello delle loro proposte teoriche, nel caso di Perret questa nuova razionalità fu messa in pratica con brillantezza e decisione, con la conseguenza che il suo lavoro riesce a mostrare una solidità incredibile, non solo per quanto riguarda la sua realtà costruttiva e materica, ma anche per il carattere delle sue proposte di rinnovamento, che cercano di rispondere in modo efficace alle esigenze dei nuovi tempi.

Per comprendere l'eredità di Perret è fondamentale prendere in considerazione il suo rapporto con l'architettura francese e con Parigi in particolare, dove molte delle idee di questa architettura sono state realizzate. La "architecture à la française" è il risultato di un ampio percorso che comincia all'inizio del XVII° secolo con i primi trattati di architettura, come quello di Philibert de l'Orme o le *Manières de ben bastir* iniziate da P. Le Muet. Attraverso questi e i trattati successivi si andrà configurando un'architettura assolutamente integrale, nella quale il tessuto residenziale e i monumenti si relazionano nella definizione della forma urbana. Tutto questo ulteriormente supportato da uno sviluppo razionale delle tecniche costruttive.

Questa città, che vediamo esemplificata nei piani successivi di Parigi, da quello di Turgot della prima metà del XVIII° secolo fino alle riforme ottocentesche del Barone Haussmann, era una città non solo 'con forma', ma anche una città armoniosa, ordinata ed omogenea, che a partire dal secolo XIX° avrebbe costituito il modello per gran parte delle città europee.

Tuttavia, cogliendone le sfumature, potremmo dire che nonostante l'evidente continuità tra la Parigi del *Grand Siècle* e il periodo ottocentesco - almeno fino alla costruzione della Rue Rivoli - la città di Haussmann rappresentò un salto di qualità: in nome di una nuova monumentalità, la rete stradale divenne determinante e sia il tessuto residenziale che i monumenti si subordinarono ad essa. Questo significò un indebolimento del precedente equilibrio tra il tessuto residenziale e la morfologia urbana e un ridimensionamento del ruolo dei monumenti, spesso integrati in questa nuova forma omogeneizzante. A questo si sarebbero uniti problemi di sovraffollamento ed igiene poi estesi anche ad altre città europee che avevano seguito lo stesso modello, come nel caso di Berlino.

La conseguenza di tutto ciò fu la critica avviata nei primi anni del XX° secolo alla città ottocentesca, esemplificata dal lavoro di W. Hegemann, *Das steinerne Berlin*, che sosteneva la città giardino seguendo il modello inglese, modello che, con variazioni, avrebbe dato luogo alle *Siedlungen* tedesche del periodo tra le due guerre.

Ma Perret non ha operato il rifiuto della città dell'ottocento, quanto piuttosto la sua riforma e riqualificazione. Un primo esempio è il famoso edificio per abitazioni sulla Rue Franklin che, senza negare il concetto di facciata che aveva caratterizzato la città storica fino al XIX° secolo, proponeva la sua riforma. A tale proposito e contrariamente a quanto è stato detto finora, non si può parlare di una involuzione nel lavoro successivo dell'architetto, ma di continuità e approfondimento dei suoi punti fondamentali.

Senza trascurare i suoi edifici religiosi, in cui l'architetto riflette sulle conquiste del gotico attraverso una nuova tecnologia, come ad esempio il cemento armato, è interessante evidenziare il suo percorso negli edifici pubblici e nei progetti urbani. Attraverso questi si scorge un apprendimento ed una critica della città ottocentesca esemplificata nella città di Parigi. Così il progetto della Porte Maillot riprende l'architettura tradizionale dei grandi assi, ma contro l'uniformità della traccia haussmanniana Perret sottolinea l'unicità del luogo, caratterizzato dal prolungamento dell'asse degli Champs Elysées, con la costruzione di due edifici alti, mentre nel progetto per il Palais de Chaillot è la topografia che viene esaltata attraverso il progetto. L'architetto risponde così alle critiche che egli stesso aveva fatto alla città di Haussmann per la perdita di opportunità generata dal non aver tenuto conto delle singolarità che la stessa topografia suggeriva.

Questa valorizzazione di luoghi specifici contro l'uniformità della città ottocentesca, pur senza abbandonare le sue conquiste, è ciò che si rivela in altri progetti urbani al di fuori di Parigi, come nella Piazza della stazione di Amiens, nella quale oltre a rendere più complesso il tessuto urbano, tenendo conto del suo carattere specifico, Perret introduce una torre che dialoga con la Cattedrale. É importante, in questo senso, evidenziare l'adattamento di una tipologia come la torre urbana, tratta dal grattacielo americano, alla città europea e in particolare ad una città come Amiens, di grande impronta storica. Bisognerebbe analizzare, in questo processo, il passaggio attraverso la reinterpretazione di torri gotiche che si produce in esempi come la chiesa di Raincy o nella proposta di Sainte Jeanne D'Arc.

Ma tutto questo percorso culmina nella ricostruzione di Le Havre, un luogo nel quale converge il meglio dell'opera perretiana nella forma più completa e sintetica, dalla sua architettura religiosa, rappresentata dalla chiesa di Saint Joseph, fino all'edificio pubblico rappresentato dall'Hôtel de Ville. Tutto ciò supportato da una traccia e una tipologia residenziale delle quali ci parla con precisione lo studio di Antonio Nitti.

Questo lavoro è attento a non disperdersi, ma si concentra su un aspetto molto specifico della ricostruzione di Le Havre e lo fa essenzialmente con uno strumento molto preciso e specificatamente architettonico: il disegno. Un disegno che vuole essere selettivo, nel senso di riflettere esclusivamente sugli aspetti che riguardano la ricerca proposta.

Si tratta per questo di un grande contributo perché, pur tenendo conto di tutta l'opera perretiana, soprattutto per quanto riguarda la costruzione della città, affronta aspetti molto specifici di questa, approfondendo fondamentalmente il rapporto con la natura e il territorio. La conclusione raggiunta è che Perret, senza abbandonare il meglio della struttura della città storica e degli spazi che l'hanno caratterizzata, come la strada o la piazza, riesce a formulare una città aperta, alternativa alla città del XIX° secolo e alla sua rigidità tipologica. Ciò significa che la sua opera è ancora viva e operante per la costruzione della città moderna.

BIBLIOGRAFIA

Scritti di Auguste Perret e dell'*Atelier de Reconstruction de la ville du Havre*

LIBRI

ATELIER DE RECONSTRUCTION DE LA VILLE DU HAVRE (1946), *Ville du Havre. Plan de reconstruction. Architecte en chef: Auguste Perret. Étude presentée par: "L'Atelier de reconstruction du Havre"* (fonte AMVH, n.c., e CAA, 535 AP 253/6).

LE DONNÉ, André (1945), *L'architecte dans la cité*, Paris, Éditions du Seuil.

PERRET, Auguste (1952), *Contribution à une théorie de l'architecture*, Paris, Cercle d'Etudes Architecturales chez A. Wahl.

SAGGI, ARTICOLI E CAPITOLI DI LIBRI

HEAUME, André (1945), *De l'immeuble à l'îlot. Sur des bases traditionelles une structure nouvelle*, manoscritto autografo, Paris, 2 maggio (fonte CAA, 535 AP 146).

PERRET, Auguste (1905), "Une maison de dix ètages. Terrasse fleurie. L'hôtel des sportsmen", intervista in *La Patrie*, 21 giugno (ora in ABRAM, *et al.* 2006, p. 59).

PERRET, Auguste, e VOIROL, Sebastien (1914), *Le style sans ornements*, manoscritto (ora in ABRAM, *et al.* 2006, p. 85).

PERRET, Auguste (1920) "Ce que j'ai appris à propos des villes de demain. C'est qu'il faudrait les construire dans des pays neuf", intervista in *L'Intransigeant*, 25 novembre, (ora in ABRAM, *et al.* 2006, p. 102).

PERRET, Auguste (1922), "Les cathédrales de la cité moderne", intervista a cura di LABADIÉ, Jean, in *L'Illustration*, 12 agosto (ora in ABRAM, *et al.* 2006, p. 111).

PERRET, Auguste (1924), "Réflexions d'Auguste Perret sur l'architecture", intervista a cura di ZERVOS, Christian, in *Les Arts de la maison*, primavera (ora in ABRAM, *et al.* 2006, p. 126).

PERRET, Auguste (1925), *Deux lettres a Jacques-Émile Blanche*, dattiloscritto, 22 luglio (ora in ABRAM, *et al.* 2006, p. 136).

PERRET, Auguste (1931), *L'Architecture*, conferenza inedita, 3 febbraio (ora in ABRAM, *et al.* 2006, p. 204).

PERRET, Auguste (1935), "Les Agglomérés", in *Encyclopédie française* (ora in ABRAM, *et al.* 2006, p. 261).

PERRET, Auguste (1936), "Témoignages sur l'art contemporain. I. Les frères Perret", intervista a cura di LOISY, Jean, in *Le Courrier royal*, 18 aprile (ora in ABRAM, *et al.* 2006, p. 291).

PERRET, Auguste (1939a), *Entretien avec M. Auguste Perret*, Radio-PTT, 17 febbraio (ora in ABRAM, *et al.* 2006, p. 327).

PERRET, Auguste (1939b), *Textes pour l'Encyclopedie française*, dattiloscritto, (ora in ABRAM, *et al.* 2006, p. 395).

PERRET, Auguste (1941a), "Pour une architecture sociale", intervista a cura di GAUTHIER, Maximilien, in *Beaux-Arts*, 11 aprile (ora in ABRAM, *et al.* 2006, p. 406).

PERRET, Auguste (1941b), "L'urbanisme de demain", in *Comœdia*, 21 giugno (ora in ABRAM, *et al.* 2006, p. 409).

PERRET, Auguste (1945a), "Enquête sur la Reconstruction auprés des architectes", intervista a cura di UTUDJIAN, Édouard, in *La Maison de demain*, maggio (ora in ABRAM, *et al.* 2006, p. 422).

PERRET, Auguste (1945b), "Quel visage aura la France de demain?", intervista a cura di GALLOTTI, Jean, in *Les Nouvelles littéraires, artistiques et scientifiques*, 19 luglio (ora in ABRAM, *et al.* 2006, p. 426).

Perret, Auguste (1945c), "Reconstruire la France", intervista a cura di Waldemar, George, in *Quadrige*, agosto-settembre (ora in Abram, *et al.* 2006, p. 428).

Perret, Auguste (1945d) "Auguste Perret nous dit: «Il faut faire du Havre une grande ville moderne»", intervista a cura di Aubery, Pierre, in *Havre-Éclair*, 29 ottobre (ora in Abram, *et al.* 2006, p. 433).

Perret, Auguste [1946], *Esquisse d'une ville* (ora in Abram *et al.* 2006, p. 438).

Perret, Auguste (1948a), "Grâce à deux grands bâtisseurs, la France va construire les immeubles les plus modernes du monde", intervista a cura di Mégret, Christian, in *Carrefour*, 9 marzo (ora in Abram, *et al.* 2006, p. 440).

Perret, Auguste (1948b), *Le béton*, 29 luglio (ora in Abram, *et al.* 2006, p. 446).

Tournant, Jacques (1951), "La création d'une ville neuve dans le cadre de lois de remembrement. L'exemple du Havre", in *Techniques et Architecture*, X, n. 1-2, gennaio, pp. 34-38.

Scritti monografici sull'opera di Auguste Perret

Libri

Abram, Joseph (1985) *Perret et l'école du classicisme structurel (1910-1960)*, Nancy, École d'architecture de Nancy.

Abram, Joseph (2010), *Auguste Perret*, Paris, Éditions du patrimoine.

Abram, Joseph, Lambert, Guy e Laurent, Christophe (2006), *Auguste Perret: Anthologie des écrits, conférences et entretiens*, Paris, Le Moniteur.

Britton, Karla (2001), *Auguste Perret*, London, Phaidon.

Cohen, Jean-Louis, Abram, Joseph e Lambert, Guy (2002), *Encyclopédie Perret*, Paris, Éditions du patrimoine.

Collins, Peter (1965), *La visione di una nuova architettura*, introduzione di Argan, Giulio Carlo, Milano, Il Saggiatore.

Culot, Maurice, Peyceré, Guy e Ragot, Gilles (2000), *Les Frères Perret. L'œuvre complète*, Paris, Norma.

Fanelli, Giovanni e Gargiani, Roberto (1990), *Perret e Le Corbusier: confronti*, Roma-Bari, Laterza.

Fanelli, Giovanni e Gargiani, Roberto (1991), *Auguste Perret*, Roma-Bari, Laterza.

Gargiani, Roberto (1993), *Auguste Perret 1874-1954. Teoria e Opere*, Milano, Electa.

Nathan Rogers, Ernesto (1955), *Auguste Perret*, Milano, Il Balcone.

Saggi, articoli e capitoli di libri

"Perret" (1949), "Perret" in *Techniques et Architecture*, IX, n. 1-2, ottobre.

Abram, Joseph (1994), "Auguste Perret et la Ville", in *La ville: art et architecture en Europe*, Paris, Centre Pompidou, pp. 321-323.

Banham, Reyner (2005), "La discendenza accademica: Garnier e Perret", in Id., *Architettura della prima età della macchina*, a cura di Biraghi Marco, Milano, Christian Marinotti Edizioni, pp.39-49.

Frampton, Kenneth (1999), "Auguste Perret e il razionalismo classico", in Id., *Tettonica e architettura: poetica della forma architettonica nel XIX e XX secolo*, Milano, Skira, pp.145-184.

Gregotti, Vittorio (1959), "Classicità e razionalismo di Auguste Perret", in *Casabella-Continuità*, n. 229, luglio, pp. 7-11.

Gregotti, Vittorio (1974), "Auguste Perret 1874-1954. Classicità e razionalismo di Perret", in *Domus*, n. 534, maggio, pp. 16-20.

Vago, Pierre (a cura di) 1932, "Perret", in *L'Architecture d'aujourd'hui*, III, n. 7, ottobre.

Zevi, Bruno (1954). "L'erede di Eiffel", in *Cronache*, n. 2, (ora Zevi, Bruno, 1970, "La scomparsa di Auguste Perret. La Sainte-Chapelle in cemento armato", in *Cronache di architettura*, I, n. 2. Roma-Bari, Laterza, pp. 38-43).

Scritti su Le Havre

Libri

La Havre (2003), *Le Havre. La ville reconstruite per Auguste Perret. Proposition d'inscription du centre reconstruit du Havre sur la liste du patrimoine mondial*, http://whc.unesco.org/uploads/nominations/1181.pdf.

Les bâtisseurs (2003). *Les bâtisseurs. Les acteurs de la reconstruction du Havre*, Rouen, Édition Point de vues.

Colboc, Henri [1943] *L'evolution du Havre-de-Grace*, these de diplôme, relatore Pierre Lavedan, Institut d'Urbanisme de l'Université de Paris.

De Merval, Stephano (1875), *Documents relatifs à la fondation du Havre*, Rouen, Imprimerie de H. Boissel, https://archive.org/details/documentsrelati00mervgoog.

Delemontey, Yvan (2003), *Perret et la trame au Havre: du chantier à la forme urbaine*, mémoire de diplôme d'études approfondies, relatore Jean-Louis Cohen, Écoles d'Architecture de Paris-Belleville, Paris-la Villette, Paris-Malaquais, Versailles, la Ville et des Territoires (Marne-la-Vallée), L'Institut Français d'Urbanisme (Université de Paris-VIII), a.a. 2002-2003.

Etienne-Steiner, Claire (1999), *Le Havre. Auguste Perret et la Reconstruction*, Rouen, Images du patrimoine.

Etienne-Steiner, Claire (2005), *Le Havre. Un port, des villes neuves*, Paris, Éditions du patrimoine.

Liotard, Martine (2007), *Le Havre 1930-2006: la renaissance ou l'irruption du moderne*, Paris, Picard.

Saggi, articoli e capitoli di libri

"Une ville terrasse" (1945), in *Techniques et Architecture*, V, nn. 3-4, marzo-aprile, p. 99.

"La reconstruction du Havre. Architecte en chef: Auguste Perret" (1946), in *Techniques et Architecture*, VI, nn. 7-8, settembre-ottobre, pp. 333-336.

"Les immeubles de la Place de l'Hôtel de Ville" (1946), in *Techniques et Architecture*, VI, nn. 7-8, settembre-ottobre, pp. 337-343.

"Le Havre. Immeubles d'Etat" (1948), in *Techniques et Architecture*, VIII, nn. 7-8, luglio-agosto, pp. 78-79.

"Dans la cité anéantie, table rase et tracé nouveau. La reconstruction du Havre" (1950), in *Techniques et Architecture,* IX, nn. 11-12, novembre, pp. 92-93.

"Le Havre. Front-de-mer Sud" (1952), in *Techniques et Architecture*, XI, nn. 3-4, febbraio, pp. 46-47.

"Le Havre. La Porte Océane. Architecte chefs de groupe: Partie Nord: Jacques Poirrier, Partie Sud: André Hermant" (1952), in *Techniques et Architecture*, XI, nn. 9-10, luglio, pp. 56-59.

"*Le Havre. Porte Océane*" (1953), in *Techniques et Architecture*, XII, nn. 11-12, pp. 46-51.

Abram, Joseph (1990), "Auguste Perret e Le Havre. Utopie e compromessi di una ricostruzione", in *Lotus International,* n. 64, aprile, pp. 109-127.

Abram, Joseph (1994), "Aux origines de l'atelier du Havre", in *Villes reconstruites. Du dessin au destin*, Paris, L'Harmattan, pp. 94-107.

Benevolo, Leonardo (1960), "Il secondo dopoguerra in Europa. La ricostruzione in Italia, Francia e Germania", in Id., *Storia dell'architettura moderna*, Roma-Bari, Laterza, pp. 777-812.

Dalloz, Pierre (1950), "Le Havre", in *L'Architecture d'aujourd'hui*, IX, n. 32, ottobre-novembre, pp. 24-29.

Dalloz, Pierre (1956), "La reconstruction de la ville du Havre", in *Techniques et Architecture*, XVI, n. 3, pp. 59-74.

Dalloz, Pierre (1957), "Auguste Perret e la ricostruzione di Le Havre", in *Casabella-Continuità,* n. 215, aprile-maggio, pp. 49-61.

Dalloz, Pierre (1960), "La reconstruction du Havre", in *Techniques et Architecture*, XX, n. 6, settembre, pp. 70-77.

Gravagnuolo, Benedetto (1991), "La continuità con la città storica dalla Amsterdam di Berlage alla Le Havre di Perret", in Id., *La progettazione urbana in Europa. 1750-1960*, Roma-Bari, Laterza, pp. 229-234.

Gargiani, Roberto (1992), "La città di Auguste Perret", in *Abitare*, n. 309, luglio, pp. 186-187.

Gregotti, Vittorio (1957), "Prefazione" a Dalloz, Pierre, "Auguste Perret e la ricostruzione di Le Havre", in *Casabella-Continuità*, n. 215, aprile-maggio, pp. 49-61.

Mamoli, Marcello e Trebbi, Giorgio (1988), "Con Perret a Le Havre", in Id., *Storia dell'Urbanistica. L'Europa del secondo dopoguerra,* Roma-Bari, Laterza, pp. 206-213.

Polesello, Gianugo, Rossi, Aldo e Tentori, Francesco (1960), "Il problema della periferia nella città moderna. Le Havre", in *Casabella-Continuità*, n. 241, luglio, pp. 39-55.

Tafuri, Manfredo e Dal Co Francesco (1976), "L'attività dei maestri nel secondo dopoguerra. Perret, Gropius e Mendelshon", in Id., *Architettura Contemporanea,* Milano, Electa, pp. 336-341.

Zevi, Bruno (1950), "La prima età dell'architettura moderna. Auguste Perret e Tony Garnier", in Id. *Storia dell'architettura moderna*, Torino, Einaudi, pp. 79-83.

Scritti di Geografia e Geografia Urbana

Beaujeu-Garnier, Jacqueline, e Chabot, Georges (1964), *Traité de géographie urbaine*, Paris, Librairie A. Colin.

Chabot, Georges (1966), *Geographie regionale de la France*, Paris, Masson.

Lavedan, Pierre (1936), *Géographie des villes*, Paris, Gallimard.

Lennier, Gustave (1885), *L'estuaire de la Seine: Mémoires, notes et documents pour servir à l'étude de l'estuaire de la Seine*, Le Havre, Imprimeur du Journal du Havre.

Scritti sull'architettura in Francia

Libri

Blondel, Jacques-François (1752), *Architecture Françoise*, Paris, Jombert, http://gallica.bnf.fr/ark:/12148/bpt6k108033j.r=BLONDEL%20Architecture%20Fran%C3%A7oise

Calabi, Donatella e Folin, Marino (1972), *Eugène Hénard. La costruzione della metropoli*, Padova, Marsilio.

Coignet, François (1861), *Construction civiles et militaires. Emploi des Bétons agglomérés*, Paris, Lacroix.

Garnier, Tony (1917), *Une Cité Industrielle, Étude pour la construction des villes*, Paris, Massin.

Guadet, Julien (1901), *Éléments et théorie de l'architecture*. Paris, Librairie de la construction moderne.

Hautecœur, Louis (1948-1967), *Histoire de l'architecture classique en France*, Paris, Picard.

Hénard, Eugène (1903), *Études sur les trasformations de Paris,* II (ora "Gli allineamenti interrotti. Il problema delle Fortificazioni e il viale di circonvallazione", in Calabi, Donatella e Folin, Marino, 1972, *Eugène Hénard. La costruzione della metropoli*, Padova, Marsilio, pp. 61-79).

Hénard, Eugène (1910) "Les Villes de l'avenir", in *L'Architecture,* XXXIII, n. 46 (ora "Le città del futuro", in Calabi, Donatella e Folin, Marino, 1972, *Eugène Hénard. La costruzione della metropoli*, Padova, Marsilio, pp. 183-193).

Kopp, Anatole, Boucher, Federique e Pauly, Daniele (1982), *L'architecture de la reconstruction en France: 1945-1953*, Paris, Moniteur.

Laugier, Marc-Antoine (1753), *Essai sur l'architecture*, Paris, Duchesne, http://gallica.bnf.fr/ark:/12148/bpt6k856908

Lavedan, Pierre, Hugueney, Jeanne e Henrat, Philippe (1982), *L'urbanisme a l'époque moderne: XVI-XVIII siècles*, Genève, Droz.

Lucan, Jacques (2001), *Architecture en France (1940-2000)*, Paris, Le Moniteur.

Patte, Pierre (1765), *Monuments érigés à la gloire de Louis XV.* Paris: Desaint e Saillant. http://gallica.bnf.fr/ark:/12148/bpt6k1041169x/f1.image.r=Pierre%20Patte

Perrault, Claude (1683), *Ordonnance des cinq espèces de colonnes selon la méthode des anciens*. Paris: Coignard, http://gallica.bnf.fr/ark:/12148/bpt6k85663c/f1.image.r=claude+perrault.langFR

Piccinato, Giorgio (1965), *L'architettura contemporanea in Francia*, Bologna, Cappelli.

Poëte, Marcel (1958), *La città antica. Introduzione all'urbanistica*, Torino, Einaudi (ed. orig. *Introduction à l'urbanisme. L'évolution des villes. La leçon de l'antiquité*, Paris, Boivin, 1929).

Rey, Augustin (1928), *La science des plans de villes*, Lausanne, Payot.
Viollet-le-Duc, Eugène-Emmanuel (1863-1872), *Entretiens sur l'architecture*, Paris, Morel.
Viollet-le-Duc, Eugène-Emmanuel (1954-1868), *Dictionnaire raisonné de l'architecture française du XI au XVI siècle*, Paris, Bance e Morel.
Vitruvio, Marco Pollione. *De architectura* (trad. fr. di Perrault, Claude, 1684, *Les dix livres d'architecture de Vitruve*, Paris, Coignard, http://gallica.bnf.fr/ark:/12148/bpt6k85660b/f4.image.r=vitruve%20perrault).

Saggi, articoli e capitoli di libri

Banham, Reyner (2005), "La tradizione accademica e il concetto di composizione per elementi", in Id., *Architettura della prima età della macchina,* a cura di Biraghi Marco, Milano, Christian Marinotti Edizioni, pp. 17-25 (ed. orig. *Theory and Design in the First Machine Age*, Cambridge, MA, MIT Press, 1960).
Banham, Reyner (2005), "Choisy: razionalismo e tecnica", in Id., *Architettura della prima età della macchina,* a cura di Biraghi Marco, Milano, Christian Marinotti Edizioni, pp. 26-38 (ed. orig. *Theory and Design in the First Machine Age*, Cambridge, MA, MIT Press, 1960).
Baudouï, Rèmi (1993), "Dalla tradizione alla modernità: la ricostruzione in Francia", in *Rassegna*, n. 54, giugno, pp. 68-75.
Frampton, Kenneth (1999), "Il Greco-Gotico e il Neogotico: le origini anglo-francesi della forma tettonica", in Id., *Tettonica e architettura: poetica della forma architettonica nel XIX e XX secolo*, Milano, Skira, pp. 53-84.
Giedion, Sigfried (1984), "Il nostro retaggio architettonico. L'organizzazione dello spazio esterno", in Id., *Spazio, Tempo e Architettura*, a cura di Labò Enrica e Labò Mario, Milano, Hoepli, pp. 127-154 (ed. orig. *Space, Time and Architecture*, Cambridge, MA, Harvard University Press, 1941).
Lucan, Jacques (2003), "Le paysage intérieur de l'architecture ou Fernand Pouillon comme problème théorique", in Id., *Pantin, Montrouge, Boulogne-Billancourt, Meudon-la-forêt. Fernand Pouillon Architecte*, Paris, Picard.
Norberg-Schulz, Christian (1971), "L'età tardobarocca", in Id. *Architettura tardobarocca*, Milano, Electa, pp. 9-92.
Panerai, Philippe, Castex, Jean e Depaule, Jean-Charles (1981), "La Parigi di Haussmann 1853-1882", in Id., *Isolato Urbano e città contemporanea*, Milano, Clup, pp. 11-34.
Sica, Paolo (1978), "La formazione della disciplina urbanistica fra l'Ottocento e il Novecento. La Francia. I contributi di Hénard e Garnier", in Id., *Storia dell'urbanistica. Il Novecento, I*, Roma-Bari, Laterza, pp. 45-54.

Testi a carattere generale

Collins, Peter (1972), *I mutevoli ideali dell'architettura moderna,* Milano, Il Saggiatore.
Gregotti, Vittorio (1966), *Il territorio dell'architettura*, Milano, Feltrinelli.
Hilberseimer, Ludwig (1981), *Groszstadt Architektur. L'architettura della Grande Città*, postfazione di Polesello Gianugo, Napoli, CLEAN (ed. orig. *Groszstadt Architektur*, Stuttgard, Julius Hoffman Verlag, 1927).
Martì Aris, Carlos (2007), *La cèntina e l'arco. Pensiero, teoria, progetto in architettura*, Milano, Christian Marinotti Edizioni.
Rowe, Colin, e Koetter, Fred (1981), *Collage City*, Milano, Il Saggiatore (ed.orig. Collage City, Cambridge, MA, MIT Press, 1978).
Samonà, Giuseppe (1980), "Come ricominciare. Il territorio della città in estensione secondo una nuova forma di pianificazione urbanistica", in *Parametro*, n.90, pp. 15-16.
Valery, Paul (1997), *Eupalino o l'architetto*, traduzione di Raffaele Contu, Pordenone, Biblioteca dell'immagine (ed. orig. *Eupalinos ou l'architecte*, Paris, Éditions de la Nouvelle Revue Française, 1921).
Valery, Paul (2011), *Ispirazioni Mediterranee*, Catania, Mesogea.

INDICE DEI NOMI

I numeri seguiti dalla 'b' si riferiscono alla bibliografia, quelli seguiti dalla 'i' alle immagini, quelli seguiti dalla 'n' alle note.

Abraham Pol, 76
Abram Joseph, 41n, 42n 71n, 72n, 80, 119n, 120n, 140n, 144b, 145b, 146b
Adam James, 120n
Adam Robert, 120n
Adler Denkmar, 41n
Alberti Leon Battista, 140n
Argan Giulio Carlo, 123, 140n
Armesto Aira Antonio, 140n
Atelier de Reconstruction de la Ville du Havre, 9, 10, 11, 19, 20, 54, 55, 57, 59, 61, 71n, 72n, 76, 78, 95, 107, 108, 119n, 120n, 144b, 146b
Aubery Pierre, 145b
Auzelle Robert, 119n
Balzac Honoré, 72n
Banham Reyner, 145b, 148b
Baudouï Rémi, 42n, 149b
Baumeister Reinhard, 41n
Beaudouin Eugène, 35, 76
Beaujeu-Garnier Jacqueline, 147b
Behne Adolf, 7
Bellarmato Girolamo, 51
Benevolo Leonardo, 13n, 71n, 146b
Berlage Hendrik Petrus, 146b
Biraghi Marco, 148b
Blanche Jacques-Émile, 144b

Blondel Jacques-François, 124, 125, 147b
Boucher Federique, 147b
Boudin Eugéne, 106
Branche Paul, 57, 119n
Britton Karla, 145b
Brunau Félix, 54
Calabi Donatella, 41n, 147b
Carné Marcel, 106
Castex Jean, 148b
Cerdà Ildefonso, 119n
Chabot George, 43, 147b
Chaperot George, 71n
Choisy Auguste, 121, 140n, 142, 148b
Cobb Henry, 41n
Cohen Jean-Louis, 41n, 44, 71n, 73, 119n, 146b
Coignet François, 27, 32, 41n, 54, 71n, 147b
Colboc Henri, 54, 71n, 146b
Collins Peter, 9, 10, 13n, 59, 72n, 123, 124, 140n, 145b, 148b
Culot Maurice, 145b
Dal Co Francesco, 41n, 147b
Dalloz Pierre, 10, 120n, 146b
Dautry Raoul, 54
De La Blache Vidal, 43
De l'Orme Philibert, 142
De Merval Stephano, 71n, 146b
Delemontey Yvan, 72n, 119n, 146b
Depaule Jean-Charles, 148b
Duban Félix, 80
Duc Louis, 80

Etienne-Steiner Claire, 53, 71n, 146b
Eupalino, 15, 17, 148b
Fanelli Giovanni, 41n, 71n, 145b
Fénelon, 140n
Folin Marino, 41n, 147b
Fontaine Pierre-François-Léonard, 73, 80, 108, 119n
Frampton Kenneth, 140n, 147b, 148b
François Ier re di Francia, 17, 51
Gabriel Ange-Jacques, 10, 37, 72n, 73, 94, 119n, 124
Gallotti Jean, 144b
Gargiani Roberto, 13n, 27, 29, 34, 41n, 42n, 71n, 72n, 78, 119n, 120n, 145b, 146b
Garnier Tony, 24, 26, 27, 29, 32, 41n, 76, 140n, 145b, 147b, 148b
Gauthier Maximilien, 144b
Giedion Sigfried, 45, 120n, 148b
Ginzburg Moisei, 42n
Gouffier Guillaume, 51
Gravagnuolo Benedetto, 13n, 146b
Gregotti Vittorio, 18, 22n, 23, 41n, 43, 71n, 145b, 146b, 148b
Gropius Walter, 148b
Guadet Julien, 80, 122, 124, 148b
Guilbert Jacques, 54
Haussmann Georges-Eugène, 10, 24, 63, 73, 142, 143, 149b
Hautecœur Louis, 147b
Héaume Arthur, 54, 76, 119n, 144b
Hegemann Werner, 142
Hénard Eugène, 10, 24, 25, 26, 27, 29, 32, 34, 37, 41n, 54, 59, 63, 73, 76, 147b, 148b
Hennebique François, 27, 123
Henrat Philippe, 147b
Héré de Corny Emmanuel, 82
Hermant André, 54, 57, 71n, 76, 78, 83, 84, 95, 119n, 120n, 146b
Hilberseimer Ludwig, 41n, 148b
Howard Ebenezer, 41n
Hugueney Jeanne, 147b

Imbert Charles, 30i, 32
Imbert José, 54, 57, 83, 96
Jeanneret Pierre, 42n
Kimbal Francis, 41n
Koetter Fred, 22n, 149b
Kopp Anatole, 42n, 148b
Labadié Jean, 144b
Labò Enrica, 148b
Labò Mario, 148b
Labrouste Henry, 122
Lagneau Guy, 54, 57, 83, 84, 107, 119n
Lamandé François Laurent, 53
Lambert Guy, 146b
Lambert Pierre-Édouard, 54, 84, 95, 107, 119n, 120n, 139
Laugier Marc-Antoine, 147b
Laurent Cristophe, 145b
Lavedan Pierre, 9, 43, 71n, 146b
Le Corbusier Charles-Edouard Jeanneret, 41n, 42n, 141, 145b
Le Donné André, 44, 54, 57, 71n, 83, 84, 107, 119n, 144b
Le Muet Pierre, 142
Le Nôtre André, 73, 82, 94, 120n
Le Roy Guyon, 51
Leconte André, 76
Lennier Gustave, 71n, 147b
Leroux Môrice, 37
Liotard Martine, 146b
Lods Marcel, 35, 76
Loisy Jean, 144b
Lucan Jacques, 35, 42n, 76, 80, 119n, 147b, 148b
Mallet-Stevens Robert, 42n
Mamoli Marcello, 13n, 147b
Mansart François, 123
Mansart Jules-Hardouin, 10, 73, 124
Marboutin Félix, 78
Martì-Aris Carlos, 19, 22n, 72n, 148b
Martin Jean, 140n
Mégret Christian, 145b

Mendelshon Erich, 147b
Moccia Carlo, 140n
Monet Claude, 106
Nash John, 120n
Nathan Rogers Ernesto, 71n, 145b
Nencini Dina, 119n
Norberg-Schulz Christian, 72n, 75, 119n, 148b
Panerai Philippe, 119n, 148b
Patte Pierre, 10, 24, 61, 73, 147b
Pauly Daniele, 147b
Percier Charles, 73, 80, 108, 119n
Pérouse de Montclos Jean Marie, 141
Perrault Claude, 121, 124, 148b
Peyceré Guy, 145b
Piccinato Giorgio, 147b
Pissarro Camille, 106
Poëte Marcel, 9, 43, 71n, 147b
Poirrier Jacques, 54, 83, 84, 119n, 120n, 146b
Polesello Gianugo, 13n, 22n, 43, 71n, 148b, 148b
Purini Franco, 199n
Quatremère de Quincy Antoine Chrysostome, 122, 140n
Ragot Gilles, 145b
Rey Augustin, 76, 119n, 148b
Ritter William, 41n
Rosenthal Léonard, 42n
Rosenthal Pierre, 42n
Rossi Aldo, 10, 13n, 43, 141, 147b
Rowe Colin, 19, 22n, 148b
Roz Michel, 41n
Samonà Giuseppe, 18, 22n
Sauvage Henri, 37, 42n, 76
Sica Paolo, 41n, 148b
Sitte Camillo, 41n
Soria y Mata Arturo, 41n
Stübben Josef, 41n
Sullivan Louis Henry, 41n
Tafuri Manfredo, 41n, 147b

Tentori Francesco, 43, 147b
Tournant Jacques, 54, 119n, 145b
Trebbi Giorgio, 13n, 147b
Turgot Michel-Étienne, 142
Union pour l'Architecture, 54
Utudjian Édouard, 144b
Vago Pierre, 140n, 145b
Valery Paul, 15, 17, 22n, 106, 148b
Vaudoyer Léon, 80
Verne Jules, 27, 41n
Viollet-le-Duc Eugène Emmanuel, 121, 140, 148b
Vitruvio Pollione Marco, 121, 148b
Voirol Sebastien, 144b
Waldemar George, 71n, 145b
Wells Herbert George, 27
Wiley Corbett Harvey, 29
Zervos Christian, 144b
Zevi Bruno, 71n, 145b, 147b

ELENCO DELLE ABBREVIAZIONI

AMVH - Archives Municipales de la ville du Havre.

CAA - Centre d'Archives d'Architecture du XXe siècle. Cité de l'Architecture et du Patrimoine. Paris

ELENCO E FONTI DELLE ILLUSTRAZIONI

L'autore e l'editore restano a disposizione degli aventi diritto per le fonti iconografiche non identificate o non correttamente identificate, impegnandosi ad apportare le necessarie integrazioni in una eventuale ristampa del libro.

1.1. Auguste Perret. Parigi, *immeuble* al 25[bis] di Rue Franklin: veduta dal 7° piano. Da: CAA © Auguste Perret by SIAE 2017.
1.2. Auguste Perret. Parigi, *immeuble* al 25[bis] di Rue Franklin: piante e sezioni. Da: CAA. Immagine elaborata dall'autore.
1.3. Auguste Perret. Disegni per *Villes-Tours*. Veduta urbana eseguita da Charles Imbert. Da: CAA © Auguste Perret by SIAE 2017.
1.4. Auguste Perret. Disegni per *Villes-Tours*. Veduta urbana eseguita da Charles Imbert. Da: CAA © Auguste Perret by SIAE 2017.
1.5. Auguste Perret. Disegni per *Villes-Tours*. Veduta urbana eseguita da Charles Imbert. Da: CAA © Auguste Perret by SIAE 2017.
1.6. Auguste Perret. Disegni per *Villes-Tours*. Veduta urbana eseguita da Charles Imbert. Da: CAA © Auguste Perret by SIAE 2017.
1.7. Auguste Perret. Disegni per *Villes-Tours*. Veduta di un fronte mare. Da: CAA © Auguste Perret by SIAE 2017.
1.8. Auguste Perret. Disegni per *Villes-Tours*. Veduta di una città portuale. Da: CAA © Auguste Perret by SIAE 2017.
1.9. Auguste Perret. Parigi, progetto per un viale di *Maisons-Tours*. Veduta della Voie Triomphale. Da: CAA © Auguste Perret by SIAE 2017.
1.10. Auguste Perret. Parigi, progetto per la sistemazione d'area della Porte Maillot: fotografia del modello. Da: CAA © Auguste Perret by SIAE 2017.
1.11. Auguste Perret. Parigi, progetto per la sistemazione d'area della Porte Maillot. Da: CAA. Ridisegno dell'autore.
1.12. Auguste Perret. Parigi, Progetto preliminare per il Palais de Chaillot: prospettiva dal corso della Senna. Da: CAA © Auguste Perret by SIAE 2017.
1.13. Auguste Perret. Parigi, Progetto preliminare per il Palais de Chaillot: planimetria. Da: CAA. Ridisegno dell'autore.
1.14. Auguste Perret. Amiens, progetto per place Alphonse-Fiquet: veduta aerea. Da: http://www.bing.com. Immagine elaborata dall'autore.
1.15. Auguste Perret. Amiens, progetto per place Alphonse-Fiquet: planimetria. Da: CAA. Ridisegno dell'autore.

ELENCO DELLE TAVOLE

Lo studio e il ridisegno della forma urbana e dei suoi tre complessi monumentali è stato reso possibile dal reperimento degli elaborati grafici conservati presso gli *Archives Municipales de la Ville du Havre* e il *Centre d'archives d'architecture du XX° siècle*, presso la *Cité de l'architecture et du patrimoine* dell'*Institut français d'architecture* a Parigi. Questi, oltre a mostrare l'evoluzione del progetto e consentire, per quanto possibile, una ricostruzione delle sue fasi, hanno messo in evidenza, ancora una volta, il carattere 'architettonico' dell'intervento. L'osservazione dei disegni redatti nell'ambito delle fasi di studio ha infatti mostrato quel *modus operandi*, proprio della disciplina architettonica, capace di affrontare sincronicamente e organicamente questioni relative tanto alla forma della città, quanto a quello della sua parte elementare, fino a comprendere anche le ragioni costruttive delle sue architetture. Oltre a questi, in parte già pubblicati nei precedenti studi, sono stati presi in esame i *Permis de construire* degli isolati oggetto di indagine, che hanno consentito un ridisegno oggettivo e fondato su una base documentaria.

I disegni, tutti originali ed eseguiti dall'autore, sono stati classificati secondo gli ambiti di studio della ricerca, relativi al territorio della Senna Marittima (Tavv_SM), alla città nel suo insieme (Tavv_LH), fino a ciascuno dei tre complessi monumentali: la Place de l'Hôtel de Ville (Tavv_PHdV), la Porte Océane (Tavv_PO) e il Front-de-mer Sud (Tavv_FdmS).

Tav_SM.01: Senna Marittima. Carta corografica della valle della Senna.
Tav_SM.02: Senna Marittima. Carta topografica dell'estuario della Senna.
Tav_SM.03: Senna Marittima. Carta topografica dell'estuario della Senna, *ante* 1517.
Tav_LH.01: Le Havre. Fasi storiche: 1517, 1541, 1787, 1870.
Tav_LH.02: Le Havre. Planivolumetrico. Progetto del 09 febbraio 1946.
Tav_LH.03: Le Havre. Planivolumetrico. Progetto del luglio 1946.
Tav_LH.04: Le Havre. Planivolumetrico. Progetto dell'aprile 1948.
Tav_LH.05: Le Havre. Planivolumetrico. Progetto definitivo.
Tav_LH.06: Le Havre. Genesi della forma urbana.
Tav_LH.07: Le Havre. Struttura della forma urbana.
Tav_LH.09: Le Havre. Prospetti urbani.
Tav_LH.10: Le Havre. Sezioni urbane.
Tav_LH.11: Le Havre. Veduta prospettica della città.
Tav_LH.12: Le Havre. La 'cattura dell'infinito'.
Tav_PHdV.01: Place de l'Hôtel de Ville. Fotomontaggio con isolati haussmanniani.
Tav_PO.01: Porte Océane. Fotomontaggio con Place Vendôme.
Tav_FdmS.01: Front-de-mer Sud. Fotomontaggio con Rue de Rivoli.
Tav_PHdV.02: Place de l'Hôtel de Ville. Planivolumetrico.
Tav_PHdV.03: Place de l'Hôtel de Ville. Assonometria.
Tav_PHdV.04: Place de l'Hôtel de Ville. Prospetti e sezioni.

Tav_PHdV.05: Place de l'Hôtel de Ville. Prospettiva del complesso I.S.A.I..

Tav_PHdV.06: Place de l'Hôtel de Ville. Prospettiva dal complesso I.S.A.I..

Tav_PHdV.07: Place de l'Hôtel de Ville. Isolato urbano. Prospetto sulla Place de l'Hôtel de Ville, pianta del piano terra.

Tav_PHdV.08: Place de l'Hôtel de Ville. Isolato urbano. Prospetto su Rue Victor Hugo, pianta del piano tipo.

Tav_PHdV.09: Place de l'Hôtel de Ville. Isolato urbano. Prospetto su Rue de Paris e sezione, pianta delle torri.

Tav_PHdV.10: Place de l'Hôtel de Ville. Prospettiva di una corte residenziale.

Tav_PO.02: Porte Océane. Planivolumetrico.

Tav_PO.03: Porte Océane. Assonometria.

Tav_PO.04: Porte Océane. Prospetti e sezioni.

Tav_PO.05: Porte Océane. Prospettiva dall'Avenue Foch.

Tav_PO.06: Porte Océane. Prospettiva dall'Oceano.

Tav_PO.07: Porte Océane. Isolato urbano. Prospetto sull'Avenue Foch, pianta del piano terra.

Tav_PO.08: Porte Océane. Isolato urbano. Sezione, pianta del piano tipo.

Tav_PO.09: Porte Océane. Isolato urbano. Prospetto su Boulevard Clemenceau, pianta della torre.

Tav_PO.10: Place de l'Hôtel de Ville. Prospettiva di una corte residenziale.

Tav_FdmS.02: Front-de-mer Sud. Planivolumetrico.

Tav_FdmS.03: Front-de-mer Sud. Assonometria.

Tav_FdmS.04: Front-de-mer Sud. Prospetti e sezioni.

Tav_FdmS.05: Front-de-mer Sud. Prospettiva dal porto.

Tav_FdmS.06: Front-de-mer Sud. Prospettiva della Palcette.

Tav_FdmS.07: Front-de-mer Sud. Isolato urbano. Prospetto su Quai de Southampton, pianta del piano terra.

Tav_FdmS.08: Front-de-mer Sud. Isolato urbano. Sezione, pianta del piano tipo.

Tav_FdmS.09: Front-de-mer Sud. Isolato urbano. Prospetto sulla Placette e sezione, pianta della torre e dell'altana.

Tav_FdmS.10: Front-de-mer Sud. Prospettiva di una corte residenziale.

Tav_LH.13: Le Havre. Ordini architettonici.

Tav_PHdV.11: Place de l'Hôtel de Ville. *Ordonnance architecturale* del fronte sulla piazza.

Tav_PHdV.12: Place de l'Hôtel de Ville. *Ordonnance architecturale* del fronte su Rue de Paris.

Tav_PHdV.13: Place de l'Hôtel de Ville. *Ordonnance architecturale* del fronte sulle corti residenziali.

Tav_PO.11: Porte Océane. *Ordonnance architecturale* del fronte sull'Avenue Foch.

Tav_PO.12: Porte Océane. *Ordonnance architecturale* del fronte sull'Oceano.

Tav_FdmS.11: Front-de-mer Sud. *Ordonnance architecturale* del fronte sul porto, parte occidentale.

Tav_FdmS.12: Front-de-mer Sud. *Ordonnance architecturale* del fronte sulla Placette, parte centrale.

Tav_FdmS.13: Front-de-mer Sud. *Ordonnance architecturale* del fronte sul porto, parte centrale.

Tav_FdmS.14: Front-de-mer Sud. *Ordonnance architecturale* del fronte sul porto, parte orientale.